全国工会干部培训基础教材

工会女职工工作概论

全国工会干部培训基础教材编写委员会◎编

中国工人出版社

图书在版编目（CIP）数据

工会女职工工作概论 / 全国工会干部培训基础教材编写委员会编 .—
北京：中国工人出版社，2023.3
ISBN 978-7-5008-8103-2

Ⅰ . ①工…　Ⅱ . ①全…　Ⅲ . ①女职工 - 工会工作 - 中国 - 干部
培训 - 教材　Ⅳ . ① D412.6

中国国家版本馆 CIP 数据核字（2023）第 025721 号

工会女职工工作概论

出 版 人	董　宽
责任编辑	赵晨羽
责任校对	赵贵芬
责任印制	栾征宇
出版发行	中国工人出版社
地　　址	北京市东城区鼓楼外大街45号　邮编：100120
网　　址	http://www.wp-china.com
电　　话	（010）62005043（总编室）
	（010）62005039（印制管理中心）
	（010）62382916（工会与劳动关系分社）
发行热线	（010）82029051　62383056
经　　销	各地书店
印　　刷	北京市密东印刷有限公司
开　　本	660毫米 × 960毫米　1/16
印　　张	11.25
字　　数	140千字
版　　次	2023年3月第1版　2024年12月第6次印刷
定　　价	28.00元

全国工会干部培训基础教材
编写委员会

团结动员亿万职工
为全面建设社会主义现代化国家
贡献力量（代序）

王东明

党的二十大是在全党全国各族人民迈上全面建设社会主义现代化国家新征程、向第二个百年奋斗目标进军的关键时刻召开的一次十分重要的大会，是一次高举旗帜、凝聚力量、团结奋进的大会，为新时代新征程党和国家事业发展、实现第二个百年奋斗目标指明了前进方向、确立了行动指南。必须深刻领会大会精神实质、把握核心要义、明确奋斗目标，在全面学习、全面把握、全面落实上下功夫，团结动员亿万职工在新征程上踔厉奋发、勇毅前行，为实现第二个百年奋斗目标贡献智慧和力量。

深刻领悟“两个确立”的决定性意义，把“两个维护”落实到工会工作各方面全过程

党的二十大在政治上、理论上、实践上取得了一系列重大成果。习近平同志在党的二十届一中全会上继续当选中共中央总书记，充分反映了全党全军全国各族人民的共同心愿和习近平总书记的崇高威望，充分展示了全党全国上下在以习近平同志为核心的党中央团结带领下战胜前进道路上一切风险挑战、开创美好未来的坚定信心和决心，是全党上下拥护“两个确立”、做到“两个维护”的生动实践和真实体现。

党的十八大以来，党和国家面临的形势之复杂、斗争之严峻、改革发展稳定任务之艰巨世所罕见、史所罕见，习近平总书记以高超的政治智慧、强烈的历史担当、卓越的领导能力和“我将无我，不负人民”的崇高境界，带领全党全军全国各族人民攻坚克难、砥砺前行，推动党和国家事业取得历史性成就、发生历史性变革。实践充分证明，新时代十年的伟大变革，根本在于有习近平总书记作为党中央的核心、全党的核心领航掌舵，在于习近平新时代中国特色社会主义思想的科学指引。“两个确立”是党在新时代取得的重大政治成果，是推动党和国家事业取得历史性成就、发生历史性变革的决定性因素。

习近平总书记高度重视工人阶级和工会工作，对工会坚持党的领导提出明确要求，强调工会工作做得好不好、有没有取得明显成效，关键看有没有坚持正确政治方向；坚持正确政治方向，一言以蔽之，就是要坚持中国共产党领导和社会主义制度；只有坚持党的领导，工会工作才能方向明确、不走偏路，才能做得有声有色、扎实有效；在坚持党的领导这个根本问题上，工会必须旗帜鲜明、立场坚定。回顾百年来党领导的现代工人运动史，我国工会坚定不移在党的领导下开展工作，与历史同步伐、与时代共命运，为党和国家事业发展作出了重要贡献。

党的十八大以来，全总和各级工会始终把坚持党的领导作为工会工作的最高政治原则和根本保证，把深入学习贯彻习近平新时代中国特色社会主义思想作为首要政治任务，健全学习新时代党的创新理论的制度性安排，准确把握其基本观点、核心要义、科学体系、根本要求；完善党组（党委）会议“第一议题”制度，第一时间传达学习、第一时间狠抓落实习近平总书记重要指示批示、党中央重大决策部署；完善向党中央请示报告重大事项制度，探索与省级党委协调推进工会工作的机制，完善全总定期听取省级工会工作报告和意见建议制度；以党的政治建设为统领加强党的各项建设，全面推进工会系统从严治党，营造风清气正的良好政治生态。党的十八大以来工会工作取得重要进展和新成效，根本在于始终坚持党对工会的领导，在于始终坚持以习近平新时代中国特色社会主义思想为指导。

当前，世界百年未有之大变局加速演进，新一轮科技革命和产业变革深入发展，国际力量对比深刻调整，我国发展进入战略机遇和风险挑战并存、不确定难预料因素增多的时期。面对严峻复杂的形势，最重要的就是要始终坚持“两个确立”，坚决做到“两个维护”，这是党在新时代十年伟大变革中积累的宝贵经验，是党和国家的前途命运所系、全国各族人民的根本利益所在，是党团结带领全国各族人民全面建设社会主义现代化国家、夺取新的伟大胜利的根本政治保证。新征程上，各级工会组织和广大工会干部必须深刻领悟“两个确立”的决定性意义，进一步增强“四个意识”、坚定“四个自信”、做到“两个维护”，坚定不移在思想上政治上行动上同以习近平同志为核心的党中央保持高度一致。坚持不懈强化理论武装，深刻把握习近平新时代中国特色社会主义思想的世界观和方法论，坚持运用贯穿其中的立场观点方法，切实用以指导实践、推动工作、破解难题。自觉同习近平总书记重要指示批示精神、重要论述、党中央决策部署要求对标对表，真正把拥护“两个确立”、做到“两个维护”体现在行动上，落实到工作中。面向基层和一线职工，广泛开展多种形式的宣传宣讲，推动“两个确立”更加深入人心、“两个维护”成为广大工会干部和职工群众的自觉行动。

引领职工听党话、跟党走，汇聚起亿万职工团结奋斗的磅礴力量

党的二十大立足新时代新征程的历史方位，深刻分析我国发展面临的形势和挑战，对全面建成社会主义现代化强国两步走战略安排进行了宏观展望，重点部署了未来5年的战略任务和重大举措，发出了为全面建设社会主义现代化国家、全面推进中华民族伟大复兴而团结奋斗的伟大号召。

习近平总书记强调，党和人民取得的一切成就都是团结奋斗的结果，团结奋斗是中国共产党和中国人民最显著的精神标识。团结才能胜利，奋斗才会成功。新时代十年，我们以奋发有为的精神把新时代中国特色社会主义推向前进，创造了一个个令人刮目相看的人间奇迹，靠的就是全党全国各族人民万众一心、勇往直前、团结奋斗。汇聚起亿万人民团结奋斗的磅礴伟力，离不开扎实有效的思想政治引领。通过卓有成效的思想政治引领，把亿万职工思想统一起来、共识凝聚起来、力量激发出来，工会重任在肩、使命在肩。

党的十八大以来，全总和各级工会认真履行引导职工群众听党话、跟党走的政治责任，把学习贯彻习近平新时代中国特色社会主义思想作为加强思想政治引领的第一位任务，通过理论宣讲、劳模宣讲、演讲比赛、知识竞赛等方式，把“大学习”的课堂搬到工厂车间、生产一线，推动习近平新时代中国特色社会主义思想进企业、进车间、进班组。加强对习近平总书记关于工人阶级和工会工作的重要论述的学习贯彻和研究阐释，推动重要论述在工会系统和广大职工中落地生根。深入开展“永远跟党走、奋进新征程”、“喜迎二十大、建功新时代”等系列宣传教育活动，培育和践行社会主义核心价值观，“中国梦·劳动美”的价值引领深入基层、扎根职工。大力弘扬劳模精神、劳动精神、工匠精神，组织劳模、工匠人才进校园、进企业，发布全国“最美职工”、“大国工匠年度人物”，努力营造劳动光荣的社会风尚和精益求精的敬业风气。加强重点领域重点群体职工思想政治工作，创新工作方式方法，强化网上思想引领，推动思想政治工作传统优势与信息技术深度融合，加强对职工的人文关怀和心理疏导，建设健康文明、昂扬向上、全员参与的职工文化。

全面建设社会主义现代化国家，是一项伟大而艰巨的事业，前途光明，任重道远，更加需要坚定信念、鼓舞斗志，更加需要同心同德、团结奋斗。新征程上，工会必须牢记“三个务必”，牢牢把握团结奋斗的时代要求，把巩固团结奋斗的共同思想基础作为思想政治引领的重要内容，不断创新职工思想政治工作，引导广大职工坚定中国特色社会主义道路自信、理论自信、制度自信、文化自信，不断增强对中国共产党领导和中国特色社会主义制度的政治认同、思想认同、情感认同，自觉把人生理想、家庭幸福融入国家富强、民族复兴的伟业之中，更加紧密地团结在以习近平同志为核心的党中央周围，坚定不移听党话、矢志不渝跟党走，为实现党的二十大确定的目标任务团结奋斗。

贯彻党的全心全意依靠工人阶级方针，组织动员亿万职工在新征程上建功立业

党的二十大报告指出，从现在起，中国共产党的中心任务就是团结带领全国各族人民全面建成社会主义现代化强国、实现第二个百年奋斗目标，以中国式现代化全面推进中华民族伟大复兴。这是站在历史和时代的高度，全面把握党和国家事业发展新要求、人民群众新期待，向全党全国各族人民发出的动员令。

习近平总书记强调，工人阶级是我国的领导阶级，是我国先进生产力和生产关系的代表，是我们党最坚实最可靠的阶级基础。我国工会是中国共产党领导的工人阶级群众组织，团结动员广大职工群众为实现党在不同历史时期确立的纲领、目标和中心任务而努力奋斗是工会的重要使命。新民主主义革命时期，工会按照党确立的符合当时形势的工运策略和活动方式，提高工人阶级的政治觉悟，动员工人群众开展各种形式的斗争，团结动员广大职工为实现民族独立、人民解放而奋斗；社会主义革命和建设时期，工会动员带领广大工人坚决响应党的号召，焕发国家主人翁精神，为建立和巩固人民当家作主的新政权、建立独立的比较完整的工业体系和国民经济体系而奋斗；改革开放和社会主义现代化建设新时期，工会坚持围绕中心、服务大局，团结动员广大职工为坚持和发展中国特色社会主义而奋斗。

党的十八大以来，全总和各级工会围绕国家重大战略、重大工程、重大项目、重点产业，组织职工广泛深入持久开展多种形式的主题劳动和技能竞赛，开展“小发明、小创造、小革新、小设计、小建议”等群众性创新活动；加强劳模、工匠和职工学习阵地建设，示范带动创建各级各类创新工作室8万多家；成功举办首届大国工匠创新交流大会，习近平总书记向大会致贺信；推荐多名一线工人获得国家科技进步奖，职工创新创造活力显著提升。扎实推进产业工人队伍建设改革，成立推进产业工人队伍建设改革工作领导小组，产业工人思想引领、建功立业、素质提升、地位提高、队伍壮大等改革措施有效落实，改革取得重要阶段性成效，产业工人在推进高质量发展中的主力军作用更加突出。

党的二十大擘画了以中国式现代化推进中华民族伟大复兴的宏伟蓝图，把宏伟蓝图变成美好现实，根本上要靠包括工人阶级在内的全体人民的劳动、创造、奉献。新征程上，工会必须牢牢把握为实现中华民族伟大复兴的中国梦而奋斗的我国工人运动时代主题，充分发挥工人阶级主力军作用，团结动员亿万职工为推进中国式现代化建功立业。围绕建设教育强国、科技强国、人才强国，深化产业工人队伍建设改革，抓好抓实职工素质提升工作，加快构建产业工人技能形成体系，推动健全落实高技能人才培养、使用、评价、激励、保障机制，畅通技能人才流动渠道，努力建设一支宏大的知识型、技能型、创新型产业工人大军，为推进中国式现代化提供坚实人才和技能支撑。

坚持以人民为中心的发展思想，扎实做好工会维权服务工作

党的二十大报告通篇贯穿人民至上的根本立场和以人民为中心的发展思想，强调“江山就是人民，人民就是江山”，强调“为民造福是立党为公、执政为民的本质要求”，对“增进民生福祉，提高人民生活品质”作出安排部署，充分体现了以习近平同志为核心的党中央矢志不渝、坚守初心的政治本色和深厚为民情怀，体现了我国社会主义制度的本质和优越性，顺应了历史发展大势和人民群众期盼。

习近平总书记指出，我们党的根本宗旨就是为人民群众办好事，为人民群众幸福生活拼搏、奉献、服务；要想人民之所想，行人民之所嘱，不断把人民对美好生活的向往变为现实；工会要认真履行维护职工合法权益、竭诚服务职工群众的基本职责，把服务职工、维护职工合法权益的大旗牢牢掌握在手中，哪里的职工合法权益受到侵害，哪里的工会就要站出来说话。扎实做好维权服务工作，是工会落实以人民为中心的发展思想、践行全心全意为人民服务根本宗旨的必然要求。

党的十八大以来，全总和各级工会认真履行基本职责，推动修改《中华人民共和国工会法》、《中国工会章程》，将工会基本职责拓展为“维护职工合法权益、竭诚服务职工群众”。助力落实“六稳”、“六保”任务，深入细致做好职工就业创业服务，推动就业优先战略和积极就业政策落实落地。以货车司机、网约车司机、快递员、外卖配送员等为重点，出台推进新就业形态劳动者建会入会和权益保障工作的指导性文件，大力推行“重点建、行业建、兜底建”模式，推进互联网百强企业建会，2021 年度全国互联网百强企业全部实现建会突破，工会组织覆盖和工作覆盖取得阶段性进展，推动解决了一批新就业形态劳动者的急难愁盼问题。做优做强送温暖、金秋助学、阳光就业、职工医疗互助、工会法律援助等工作，开展提升职工生活品质试点，将 20 家工会帮扶中心和 50 家企业（工业园区）纳入全总试点单位，各省（区、市）和新疆生产建设兵团总工会开展省级试点。加强服务职工阵地建设，建设“劳动者港湾”、“爱心驿站”等工会户外劳动者服务站点 10.58 万个，累计投入资金 18.66 亿元。将城市困难职工解困脱困作为重点工作，主动融入党政工作大盘子，通过建档立卡、精准施策、强化评估、压实责任等具体举措，推动 549.87 万户困难职工家庭全部如期实现解困脱困。贯彻落实党中央国务院《关于构建和谐劳动关系的意见》，推动健全党政主导的维权服务机制，努力把劳动关系矛盾化解在基层、化解在萌芽状态。贯彻总体国家安全观，坚决维护劳动领域政治安全，加强相关工作体系建设，健全劳动关系风险监测、分析、研判、预防机制和职工队伍稳定风险排查化解机制，促进职工队伍团结统一与社会和谐稳定。

党的二十大对保障和改善民生、扎实推进共同富裕作出重要部署，为工会围绕中心、服务大局，履行好维权服务基本职责提供了重要契机。新征程上，工会必须始终坚持以职工为中心的工作导向，不断深化自身改革和建设，保持和增强政治性、先进性、群众性，有效发挥党联系职工群众的桥梁纽带作用。积极参与涉及职工切身利益的法律法规政策的制定修改，推动健全劳动法律法规体系。推动落实就业优先政策，推动健全就业促进机制，加强困难群体就业兜底帮扶，推动完善工资平等协商机制、正常增长机制、支付保障机制，健全向一线职工倾斜的分配制度，推动提高劳动报酬在初次分配中的比重，在促进共同富裕中更好发挥工会作用。积极推动完善以职工代表大会为基本形式的企事业单位民主管理制度，依法保障职工知情权、参与权、表达权、监督权，在发展全过程人民民主中保障职工民主政治权利。加快构建以普惠性服务和精准帮扶为重点的工会服务职工体系，着力提升质量和实效。巩固拓展城市困难职工解困脱困成果，推动解困脱困与提升职工生活品质有效衔接，健全困难职工家庭常态化帮扶机制，不断提高职工群众的获得感、幸福感、安全感。增强忧患意识、坚持底线思维，发扬斗争精神、增强斗争本领，密切关注降薪裁员、欠薪欠保、劳资纠纷、生活困难等可能引发的突出风险，积极推进“法院+工会+人社+司法”四方联动机制建设，推动构建和谐劳动关系，在维护企业和社会大局和谐稳定中更好发挥工会组织作用。

党的二十大吹响了新时代新征程奋勇前进的号角。我们要进一步增强学习领会贯彻落实党的二十大精神的自觉性和坚定性，找准工会贯彻落实党的二十大精神的切入点、结合点、着力点，切实把党中央提出的战略部署转化为工会的实际行动，充分展示工会在推进中国特色社会主义事业中的新担当新作为。

（本文系全国人大常委会副委员长、中华全国总工会主席王东明同志在2022年12月16日《求是》杂志发表的署名文章）

目　录

CONTENTS

第一章　工会女职工工作概述 …………………………………… 1

第一节　工会女职工工作的地位和作用 ……………………… 1

一、女职工队伍的发展变化 ………………………………… 1

二、工会女职工工作的发展历程 …………………………… 3

三、工会女职工工作的重要作用 …………………………… 5

第二节　工会女职工工作的基本遵循 ………………………… 7

一、坚持马克思主义妇女观 ………………………………… 7

二、以习近平新时代中国特色社会主义思想为指导 …… 10

第三节　工会女职工工作的特点和主要任务 ……………… 13

一、工会女职工工作的特点 ………………………………… 13

二、工会女职工工作的主要任务 …………………………… 16

第四节　新时代工会女职工工作 …………………………… 20

一、工会女职工工作面临的新形势 ………………………… 20

二、工会女职工工作的新任务 ……………………………… 23

三、创新工会女职工工作方式方法 ………………………… 24

第二章　工会女职工组织 ……………………………………… 27

第一节　工会女职工组织的机构、组织制度和工作制度 …………………………………………… 27

一、法律规章和相关文件关于建立工会女职工组织的规定 …………………………………………… 27

二、组织机构 …………………………………………… 30
三、组织制度 …………………………………………… 31
四、工作制度 …………………………………………… 32
第二节 工会女职工组织的自身建设 …………………… 33
一、加强工会女职工组织自身建设的重要意义 ……… 33
二、工会女职工组织自身建设的主要内容 …………… 34
第三节 工会组织与妇联组织的工作关系 ……………… 43
一、工会组织与妇联组织的分工 ……………………… 43
二、工会组织与妇联组织的沟通与合作 ……………… 44

第三章 组织动员女职工提升素质建功立业 ……………… 46
第一节 提高女职工素质的必要性 ……………………… 46
一、组织女职工奋进新征程、助力经济社会高质量发展的必然要求 …………………………………… 47
二、落实《新时期产业工人队伍建设改革方案》的重要措施 …………………………………………… 48
三、促进女职工全面发展、实现自身价值的重要途径 …………………………………………… 48
第二节 提高女职工素质的基本内容 …………………… 49
一、提高思想道德素质 ………………………………… 49
二、提高科学文化素质 ………………………………… 50
三、提高技术技能素质 ………………………………… 51
四、提高民主法治素质 ………………………………… 52
五、提高心理、生理和体能素质 ……………………… 52
第三节 提高女职工素质的方法途径 …………………… 53
一、强化素质提升阵地建设 …………………………… 53
二、开展主题教育培训 ………………………………… 54
三、开展“玫瑰书香”主题阅读等读书自学活动……… 54

第四节　组织动员女职工在全面建设社会主义现代化国家新征程中建功立业 …… 55
一、深入实施女职工提升素质建功立业工程 …… 55
二、积极开展劳动和技能竞赛 …… 56
三、激发女职工创新创造活力 …… 56
四、大力宣传弘扬劳模精神、劳动精神、工匠精神 …… 57
第五节　全国五一巾帼奖评选表彰工作 …… 58
一、出台《全国五一巾帼标兵岗、全国五一巾帼标兵评选表彰管理暂行办法》 …… 58
二、开展全国五一巾帼标兵岗、全国五一巾帼标兵表彰复查工作 …… 59
三、建设全国五一巾帼奖表彰信息平台 …… 60

第四章　依法维护女职工合法权益和特殊利益 …… 62
第一节　维护女职工合法权益和特殊利益的主要内容和重要性 …… 62
一、女职工合法权益包含的主要内容 …… 62
二、女职工特殊利益包含的主要内容 …… 66
三、维护女职工合法权益和特殊利益的重要性 …… 67
第二节　保护女职工合法权益和特殊利益的主要法律法规 …… 69
一、我国现行女职工权益保护法律法规体系 …… 69
二、女职工劳动保护特别规定 …… 72
第三节　工会女职工权益维护工作 …… 77
一、工会维护女职工合法权益和特殊利益的途径 …… 77
二、当前女职工权益维护面临的主要问题 …… 79
第四节　女职工权益保护专项集体合同 …… 84

一、女职工权益保护专项集体合同的概念、形式和主要内容 …………………………… 84
二、推动女职工权益保护专项集体合同工作的必要性和重要性 …………………………… 85
三、签订女职工权益保护专项集体合同的工作程序 …… 86
四、工会女职工组织在推行女职工权益保护专项集体合同工作中的职责和任务 ………………… 88
第五节 生育保险 ………………………………………… 92
一、生育保险的含义和作用 ……………………………… 92
二、我国生育保险制度的建立和发展 …………………… 93
三、工会在推进生育保险工作中的作用和任务 ………… 98
第六节 女职工休息哺乳室 ………………………………… 101
一、工作历程 ………………………………………………… 101
二、主要做法 ………………………………………………… 102

第五章 工作场所性别平等 ……………………………… 104
第一节 工作场所性别平等的基本概念 ………………… 105
一、性别平等 ………………………………………………… 105
二、工作场所性别平等 ……………………………………… 105
三、工作场所性别歧视 ……………………………………… 106
第二节 工作场所性别平等的主要内容 ………………… 106
一、就业机会平等 …………………………………………… 106
二、职业发展机会平等 ……………………………………… 108
三、薪酬待遇平等 …………………………………………… 110
四、生育保护 ………………………………………………… 111
五、帮助职工平衡工作和家庭责任 ……………………… 113
六、预防和制止工作场所性骚扰 ………………………… 114
第三节 创建家庭友好型工作场所的具体措施 ………… 117

一、理念态度友好 …… 117
二、职业发展友好 …… 118
三、生育保护友好 …… 118
四、照护支持友好 …… 118
五、工作安排友好 …… 118
六、职业健康友好 …… 119

第六章 女职工关爱服务 …… 120
第一节 工会爱心托管服务 …… 120
一、工会爱心托管服务背景及探索 …… 120
二、推进工会爱心托管服务的主要举措 …… 121
三、社会反响 …… 123
第二节 用人单位爱心托育服务 …… 124
一、开展用人单位托育服务工作的重要意义 …… 124
二、工会推进用人单位托育服务工作的主要举措 …… 125
三、工会推进用人单位托育服务工作要求 …… 127
第三节 “会聚良缘”工会婚恋交友服务 …… 128
一、开展“会聚良缘”工会婚恋交友服务工作背景及意义 …… 128
二、开展“会聚良缘”工会婚恋交友服务的特点特色 …… 129
三、开展“会聚良缘”工会婚恋交友服务的主要举措及成效 …… 130
第四节 女职工心理健康服务 …… 132
一、开展女职工心理健康服务工作的背景和意义 …… 132
二、开展女职工心理健康服务工作的紧迫性 …… 133
三、工会开展女职工心理健康服务工作的主要做法及成效 …… 134

第五节 “六一”国际儿童节关爱服务 …………………… 136
一、关爱服务对象 ………………………………………… 136
二、工会开展“六一”国际儿童节关爱活动
主要做法 …………………………………………… 137
第六节 女职工“两癌”筛查 …………………………… 138
一、法律法规政策依据 …………………………………… 138
二、工会组织推动女职工“两癌”筛查工作举措 …… 139

第七章 家庭家教家风建设 ……………………………… 142
第一节 注重家庭家教家风建设 ……………………… 142
一、“三个注重”重要论述……………………………… 143
二、家庭家教家风建设法规政策 ……………………… 143
三、新时代家庭家教家风建设的主要内容 …………… 145
第二节 女职工在家庭家教家风建设中的作用 ……… 145
一、女职工在家庭中的地位及作用 …………………… 145
二、充分发挥女职工在家庭生活中的独特作用 ……… 146
第三节 工会开展家庭家教家风建设的主要载体 …… 148
一、“培育好家风——女职工在行动”主题
实践活动 …………………………………………… 148
二、“传承好家风”阅读宣讲活动……………………… 150
三、培树推荐宣传家庭家教家风先进典型 …………… 150

参考文献 ………………………………………………… 152
后　　记 ………………………………………………… 154

第一章　工会女职工工作概述

党的十九大确立了习近平新时代中国特色社会主义思想的历史地位，党的二十大提出党的中心任务是团结带领全国各族人民全面建成社会主义现代化强国、实现第二个百年奋斗目标，以中国式现代化全面推进中华民族伟大复兴，强调要全心全意依靠工人阶级。女职工作为工人阶级的重要组成部分和妇女群众的骨干力量，在全面建成社会主义现代化强国、全面推进中华民族伟大复兴的历史进程中，肩负着光荣而神圣的使命，具有不可替代的作用。做好女职工工作，团结动员广大女职工为实现新时代经济社会发展的宏伟目标而努力奋斗，是中国工会的重要任务，也是工会女职工组织的重要职责。

第一节　工会女职工工作的地位和作用

一、女职工队伍的发展变化

女职工是女职员和女工人的统称。一般是指从事一定经济活动和社会活动，以工资收入为主要生活来源或者与用人单位建立劳动关系（包括人事关系）或存在事实劳动关系的女性劳动者（包括体力劳动者和脑力劳动者）。

随着我国工人阶级队伍的发展壮大，女职工队伍同步发展，成为我国经济建设主力军中的重要组成部分。

新中国成立以前，我国的女职工人数很少，主要集中在城市中的轻工和纺织行业，她们生活在社会的最底层，深受资本家的剥削和压迫。新中国成立初期，全国有女职工 61 万人，仅占职工总数的 7.5%。随着我国经济建设的发展和改革开放进程的加快，我国女职工队伍不断发展壮大。1978 年，全国有女职工 3128 万人，占职工总数的 32%。截至 2021 年 9 月底，在已建工会单位中，我国女职工人数已达 1.03 亿人，约占职工总数的 38.77%；工会女会员人数达到 0.99 亿人，约占工会会员总数的 38.99%。

随着社会主义市场经济体制的确立和发展，女职工队伍的基本结构发生了深刻变化，这种变化不仅表现在人数和占职工总数的比例上，还体现在科学文化和技术技能水平以及行业分布等方面。从文化结构看，新中国成立初期，我国女职工大多处于文盲、半文盲状态，而目前女职工科学文化素质和职业技术技能水平均有明显提升，据第九次全国职工队伍状况调查女职工队伍和女职工组织建设状况相关数据显示，女职工平均受教育年限为 14.0 年，其中大学本科及以上学历占 38.6%，比 2017 年提高 4.4 个百分点；从就业分布看，女职工就业范围已由纺织、轻工等传统行业，扩展到了国民经济的各行各业，女职工在新经济领域特别是数字经济领域的就业数量增加。中国科协创新战略研究院《中国科技人力资源发展研究报告（2020）》显示，截至 2020 年底，我国科技人力资源中女性占比增长迅速，从 2005 年的约 1/3 提高到 2019 年的约 40.1%，在尖端科学技术领域女性科技人才不断涌现，为国家科技进步和创新发展作出重要贡献；从来源构成看，随着工业化、城镇化进程的加快，我国大量农村妇女劳动力向非农产业和城镇转移，成为女职工群体的组成部分。截至 2021 年 9 月底，在已建工会单位中，女农民工达 3918.73 万人，占女职工总数的 38%。

二、工会女职工工作的发展历程

工会作为中国共产党领导的职工自愿结合的工人阶级群众组织，除了反映和解决男女职工的共同意愿与要求外，还必须关注和维护女职工的特殊利益，专门研究、关心女职工的特点和特殊需求，帮助她们解决特殊问题。做好工会女职工工作是加强和整合工人阶级力量的重要举措，各级工会必须把女职工工作摆到应有的位置，作为一项重要工作认真抓好。

我国工会历来重视女职工工作。从1925年中华全国总工会成立起，工会就把女工的特殊问题纳入了工人阶级斗争纲领，1927年，全国总工会设立女工部，在第三次、第四次、第五次、第六次全国劳工大会中，也对女工的解放和利益提出了奋斗目标。老一辈无产阶级革命家向警予、杨之华、蔡畅、邓颖超等同志都是工人运动中杰出的女工运动领袖。她们深入女工中进行宣传、教育和组织工作，带领广大女工积极投身革命和工人运动。新中国成立后，工会女职工工作得到进一步加强，女职工工作机构进一步健全。1950年，在中华全国总工会召开的第一次全国工会女工工作会议上，李立三副主席就女工工作在整个工会工作中的作用、女工工作任务等作了深刻的阐述，明确了新中国工会女工工作应遵循的原则。会后，全国总工会作出了关于加强女工工作的决定，对加强全国工会女工工作起到了很大的推动作用。工会女工工作依托工会工作的发展，围绕党和工会的中心工作，以提高妇女社会地位为目标，针对当时女工的特点和要求，鼓励妇女走出家门，积极参加社会主义经济建设；帮助女工解决实际困难，大力开展对女工的“加一把力”的工作；动员女工与男工并驾齐驱，以主人翁新风貌为建设社会主义作出贡献。

“文化大革命”期间，工会被迫停止工作，工会女职工作同样受到影响。

中国工会九大后，随着整个工会组织的恢复和发展，女职工组织和女职工工作也重新得到恢复和发展。各级工会相继建立了女职工组织，并从企业选调了一大批有实践经验的人员充实到工会女职工工作者队伍中。1979 年召开的全国工会女工工作会议，使各级工会女职工组织明确了新的方向和工作任务。1982 年，全国总工会女工工作委员会第一次会议通过《全国总工会女工工作委员会工作条例》，明确了女工工作委员会的主要任务、组织机构、工作制度等。1983 年，全国女工工作经验交流会召开，全国总工会副主席章瑞英在总结发言中指出，女工部是工会的一个工作机构，女工工作是整个工会工作的一部分；在机构改革中，要加强女工工作的组织建设，各省、市、自治区工会在机构改革中，在机构的设置和人员的配备上，对女工工作只能加强，不能削弱，不能轻视女工工作；强调继续抓好基层工会女工工作委员会的建立健全和作用的发挥。1985 年召开的全国女工工作会议，总结了中国工会九大以来女职工工作的成功经验，提出了工会女职工工作具有特殊性、综合性、相对独立性的观点，对工会女职工工作进行了科学定位。1990 年 12 月，全国总工会第十一届八次主席团会议通过《关于建立中华全国总工会女职工委员会的决定》，确定建立中华全国总工会女职工委员会，明确中华全国总工会女职工委员会是在全国总工会领导下维护女职工合法权益和特殊利益的、具有代表性的职工组织。1991 年 2 月，全国总工会女职工委员会成立。近年来，工会女职工组织体系不断完善，工会女职工工作者队伍不断壮大，工会女职工工作不断取得新的发展。截至 2021 年 9 月，全国已建工会单位女职工组织已达 202.28 万个，覆盖率达 88.11%，其中，基层工会女职工组织在有女职工的工会中的覆盖率达 90.8%；全国共有工会女职工工作者 315.95 万人，其中专职 22.6 万人、兼职 293.35 万人；各级工会女职工组织围绕加强对女职工思想政治引领、团结动员广大女职工提升素质建功立业、依法维护女职工合法权益和特殊利益、关爱服务女职工、引导女职工在家庭文明建设中发挥独特作用等积极探索、锐意创新，打造了许多富有特色的工作品牌，在工会工作中发挥了积极作用。

三、工会女职工工作的重要作用

在我国各个历史时期，广大女职工在中国共产党的领导下，积极参加革命和建设，英勇顽强、艰苦奋斗，发挥了重要作用。在新民主主义革命时期的各个阶段，她们为推翻“三座大山”的压迫进行了艰苦卓绝的斗争；在抗日战争中，她们与全国人民一道，同仇敌忾，在后方积极生产军用物资，以实际行动参加抗日战争；在解放战争中，她们全力支援人民解放战争，为迎接全国解放展开了大规模的反饥饿、反内战、反迫害的斗争，作出了巨大贡献。中华人民共和国成立，开创了中国工人阶级和劳动人民当家作主的新纪元，从此女职工同男职工一样，成为国家的主人。社会主义制度的建立，为广大女职工充分发挥自己的聪明才智提供了广阔的舞台，她们在社会主义革命、社会主义建设中以主人翁精神，发挥着“半边天”的作用。党的十一届三中全会以来，在改革开放和社会主义现代化建设中，广大女职工积极支持和投身改革、开拓进取，勇于奉献，以更高的热情、更多的智慧和更强的创新创造能力，为社会主义市场经济的发展作出了重要贡献，在改革、发展、稳定中充分发挥了工人阶级主力军作用。进入中国特色社会主义新时代，女职工作为参与者、建设者，以强烈的责任感和使命感，在本职岗位上脚踏实地、积极探索、锐意创新，勇于迎接新挑战，用自己出色的工作业绩展示着女性劳动者的时代风采。在精神文明和社会文明建设中，广大女职工以良好的职业道德和家庭美德，成为社会良好风尚和精神文明建设的积极参与者和实践者，成为促进人类社会文明进步的基本力量，并为之作出积极贡献。

工会女职工工作是工会工作、妇女工作的重要组成部分，在党的群众工作中地位特殊且重要。做好工会女职工工作，加强对女职工的思想政治引领，凝聚思想共识，有利于巩固和扩大党执政的阶级基础和群众基础；组织动员广大妇女参与社会劳动、立足岗位提升素质建功立业，有利于推动妇女解放和经济社会高质量发展；依法维护好女职工的合法权益和特殊利益，有利于贯彻落实男女平等基本国策，保证女职工拥有平等参与发展和享有发展成果的机会；关心关爱女职工，更好回应和满足女职工对美好生活的向往，有利于构建和谐劳动关系，更好维护职工队伍团结稳定和劳动领域政治安全；加强女职工组织自身建设，提升女职工工作水平，有利于更好发挥工会组织联系职工的桥梁纽带作用，推进党的工运事业和妇女事业不断创新发展。各级工会要提高政治站位，重视和支持女职工工作，加强统筹谋划，把女职工工作纳入工会总体工作一体部署、一体推进；积极整合工会内外资源，推动形成上下联动、各方支持、合力推进的女职工工作新局面。各级工会女职工工作者要从加强党的能力建设、巩固党的执政基础的高度，充分认识女职工工作在党和国家工作大局中的重要意义和在工会工作中的重要作用，以强烈的使命感和高度的责任感，承担起历史赋予的重任，把广大女职工团结到党领导的工会中来，努力实现好、维护好、发展好广大女职工的合法权益，不断开创女职工工作的新局面，为全面建设社会主义现代化国家、全面推进中华民族伟大复兴作出新的贡献。

第二节　工会女职工工作的基本遵循

一、坚持马克思主义妇女观

马克思主义妇女观，是运用辩证唯物主义和历史唯物主义的世界观、方法论，对妇女社会地位的演变、妇女的社会作用、妇女的社会权利和妇女争取解放的途径等基本问题作出的分析和概括。马克思主义妇女观是马克思主义理论体系的组成部分，是中国共产党用以指导妇女运动的理论基础。

（一）马克思主义妇女观的主要内容

第一，妇女被压迫是人类历史发展到一定阶段的社会现象。早在远古时代人类两性曾是平等的，只是当人类社会产生了私有制和阶级对立的时候，妇女才被剥夺了财产所有权，被排斥于社会劳动之外，沦为家庭的奴隶和男子的附属物。这种现象是一定历史条件下的产物，它必将被新的历史条件下的男女平等所替代。

第二，妇女解放的程度是衡量普遍解放的天然尺度。在以私有制为基础的社会里，妇女处于被压迫地位，其实质是阶级压迫的一种特殊表现形式。这种状况由社会意识渗入人们的思想观念之中。因此，妇女解放必然伴随全体被剥削被压迫人民的社会解放而得到实现。

第三，参加社会劳动是实现妇女解放的先决条件。人们在社会和家庭中的地位，归根结底是由人们在社会生产中的地位所决定的。恩格斯指出，只要妇女仍然被排除于社会的生产劳动之外而只限于从事家庭的私人劳动，那么妇女的解放、妇女同男子的平等，现在和将来都是不可能的。这个先决条件，只有在社会主义制度下才能真正充分实现。

第四，妇女解放是一个长期的历史过程。它不仅为生产关系所制约，也为生产力所制约；不仅受物质生产水平的影响，也受精神文明程度的影响。推翻人压迫人的社会制度，建立人民当家作主的国家政权，为实现妇女解放、男女平等方面提供了根本保证。

第五，妇女在创造人类文明、推动社会发展中具有伟大的作用。妇女与男子同是人类历史前进的推动者，同是社会物质文明和精神文明的创造者，具有同等的人格和尊严、同等的权利和地位。在人类自身生产中，妇女更具有特殊的价值，作出了突出的贡献。尊重和保护妇女，是社会进步的一个重要标志，是文明社会应具有的法律规范和道德风尚。

（二）中国共产党对马克思主义妇女观的创新发展

随着共产主义运动和妇女解放运动的进行，马克思主义妇女观在各国无产阶级革命斗争中得到了不断发展。中国共产党从诞生之日起，就将促进妇女解放、实现男女平等写在了奋斗的旗帜上。1922 年举行的中国共产党第二次全国代表大会产生了党的第一个《关于妇女运动的决议》。它指出，在资本主义生产制度之下“妇女是得不到解放的”、“妇女解放是要伴着劳动解放进行的，只有无产阶级获得了政权，妇女们才能得到真正解放”。它还宣告，中国共产党要“为所有被压迫的妇女们的利益而奋斗”。在我国各个历史时期，中国共产党把马克思主义妇女理论与中国妇女运动的实际结合起来，坚持马克思主义的立场、观点、方法，立足中国国情，继承和发展马克思主义妇女理论，提出了一系列科学论断和重要思想，实现了马克思主义妇女理论的中国化。其基本观点是：妇女在中国革命中是决定革命胜败的一支重要力量；妇女解放运动是整个无产阶级革命事业的组成部分；参加社会生产劳动，是妇女解放的一个基本条件；等等。在新的历史时期，我国将实现男女平等作为促进社会发展的一项基本国策，在全面建设社会主义现代化国家、全面推进中华民族伟大复兴的历史进程中推动妇女事业实现新的跨越。中国共产党在长期实践中对马克思主义妇女观的创新发展，为男女平等基本国策的实施奠定了牢固坚实的理论基础，对马克思主义妇女理论的继承和发展将产生深远的历史影响。

（三）坚持用马克思主义妇女观指导工会女职工工作

1927 年，毛泽东同志发表《湖南农民运动考察报告》，以马克思和恩格斯关于私有制是妇女受压迫的根源这一观点，指出政权、族权、神权、夫权四重压迫是中国男女不平等的社会总根源。在社会主义革命和建设时期，毛泽东同志指出，“中国妇女是一支伟大的人力资源”，强调“妇女在创造人类文明、推动社会发展中具有伟大的作用”。创新发展了马克思主义关于妇女受压迫根源、妇女解放道路等一系列理论观点。在改革开放和社会主义现代化建设时期，邓小平、江泽民、胡锦涛等党和国家领导人，围绕社会主义初级阶段中国妇女运动的目标任务、实现途径、主体力量和条件环境等基本问题，提出了符合中国国情、具有时代特征的新观点新论断，鲜明指出“妇女问题，从本质上说是发展问题，也必须通过发展才能得到解决”，科学概括马克思主义妇女观的丰富内涵，把男女平等确定为基本国策等，把马克思主义妇女理论中国化不断推向前进，中国妇女事业焕发出新的生机与活力。邓小平同志指出，“只有解放妇女的生产力，才能实现本质上的男女平等”。1990 年，江泽民同志在纪念“三八”国际劳动妇女节 80 周年大会的讲话中指出：“中国共产党用以指导妇女运动的理论，是马克思主义基本原理及其妇女观。”胡锦涛同志在纪念“三八”国际劳动妇女节 100 周年大会的讲话中指出：“在中国共产党领导下，我国广大妇女始终把个人的前途命运同国家和民族的前途命运紧密结合在一起，开创了艰辛而辉煌的奋斗历程，走出了一条深深植根于我国历史和现实、具有强烈时代特征和鲜明中国特色的妇女解放和发展道路，为建立新中国作出了重大贡献，为实现中华民族伟大复兴建立了丰功伟绩，为世界妇女运动发展谱写了壮丽篇章。”进入中国特色社会主义新时代以来，2015 年 9 月，在北京世界妇女大会召开 20 周年之际，中国政府与联合国妇女署在纽约联合国总部共同举办全球妇女峰会，习近平总书记主持并发表以“促进妇女全面发展 共建共享美好世界”为主题的重要讲话，深刻阐述了妇女发展和推动男女平等对人类文明进步的重要作用，高度评价北京世界妇女大会的重大历史意义，并就发扬北京世界妇女大会精神、促进男女平等和妇女全面发展提出了推动妇女和经济社会同步发展、积极保障妇女权益、努力构建和谐包容的社会文化、创造有利于妇女发展的国际环境的四点主张。深刻回答了全球妇女事业发展进程中面临的一系列重大理论和实践问题，丰富拓展了促进全球妇女事业发展的科学理论，为在经济全球化背景下促进男女平等和妇女全面发展、准确把握工会女职工工作等方面提供了基本遵循和行动指南。

多年来，各级工会女职工组织牢固树立马克思主义妇女观，坚决贯彻男女平等的基本国策，运用马克思主义的基本原理及其妇女观，分析、研究、解决女职工工作面临的新情况新问题，认真履行代表和维护女职工合法权益与特殊利益的基本职责，坚持服务党和国家工作大局与工会工作全局，牢固树立服务经济社会发展、服务女职工群众的观念，在维护全国人民总体利益的同时切实维护广大女职工的具体利益，充分调动、保护和发挥了女职工参与全面建成小康社会的积极性、主动性和创造性。

二、以习近平新时代中国特色社会主义思想为指导

习近平新时代中国特色社会主义思想是对马克思列宁主义、

毛泽东思想、邓小平理论、“三个代表”重要思想、科学发展观的继承和发展，实现了马克思主义中国化时代化新的飞跃，是中国特色社会主义理论体系的重要组成部分，是全党全国人民为实现中华民族伟大复兴而奋斗的行动指南。习近平新时代中国特色社会主义思想，运用马克思主义立场观点方法，聚焦新的时代命题，以崭新的思想内容丰富和发展了马克思主义，形成了一个系统全面、逻辑严密、内涵丰富、内在统一的科学理论体系，是我们党在思想上成熟、理论上自信的集中体现。习近平新时代中国特色社会主义思想贯穿着马克思主义立场观点方法，凝结着坚持和发展中国特色社会主义的宝贵经验，体现了理论与实际相结合、认识论和方法论相统一的鲜明特色，使我们党对共产党执政规律、社会主义建设规律、人类社会发展规律的认识达到了新高度，为新时代工运事业和工会工作创新发展提供了根本遵循，是各级工会组织和广大工会干部的强大思想武器。在新的历史时期推动工会女职工工作创新发展，牢牢把握正确政治方向，切实维护好、发展好广大女职工的合法权益和特殊利益，促进女职工全面发展，必须坚持以习近平新时代中国特色社会主义思想为指导，持续深化对党的创新理论的学习，以科学理论武装头脑、指导实践、推进工作。

党的十八大以来，习近平总书记对党的工运事业和工会工作高度重视，深刻阐明了工会工作的地位作用、目标任务、实践要求，科学回答了工人阶级和工会工作的一系列方向性、根本性、战略性重大问题，形成了习近平总书记关于工人阶级和工会工作的重要论述。主要有：坚持党对工会工作的领导，这是做好工会工作的政治原则和根本保证；坚持全心全意依靠工人阶级，这是党和国家始终坚持的根本方针；坚持为实现中华民族伟大复兴的中国梦而奋斗，这是我国工人运动的时代主题；坚持中国特色社会主义工会发展道路，这是工运事业和工会工作发展的正确方向；坚持弘扬劳模精神、劳动精神、工匠精神，这是引领教育广大职工的重要抓手；坚持高举维护职工合法权益旗帜，这是工会组织的基本职责；坚持增强政治性、先进性、群众性的工会改革方向，这是推进工会工作创新发展的根本要求；坚持加强基层工会建设，这是工会工作彰显活力的基础和关键。

习近平总书记关于工人阶级和工会工作的重要论述，是在我国波澜壮阔的工人运动伟大实践中产生的科学理论，其关键是坚持党的领导，根本是增强政治性、先进性、群众性，重点是维护职工权益、服务职工群众。这些重要论述涵盖了工会工作各领域、各方面，把我们党对工运事业和工会工作的规律性认识提升到一个新高度，是对马克思主义劳动学说和工运学说的传承和升华，是习近平新时代中国特色社会主义思想的重要组成部分，是新时代工运事业和工会工作创新发展的理论指导和行动指南。

党的十八大以来，习近平总书记着眼于党和国家事业发展的战略全局，高度重视妇女群众和妇女工作，多次发表重要讲话、作出重要指示。主要包括：在坚持党的领导方面，习近平总书记强调，坚持党的领导，是做好党的妇女工作的根本保证。做好党的妇女工作，关系到团结凝聚占我国人口半数的广大妇女，关系到为党和人民事业发展提供强大力量，关系到巩固党执政的阶级基础和群众基础。要承担引领广大妇女听党话、跟党走的政治责任，把党的主张转化为广大妇女的自觉追求和实际行动。在组织妇女建功立业方面，习近平总书记强调，妇女是物质文明和精神文明的创造者，是推动社会发展和进步的重要力量。我国广大妇女积极投身新时代中国特色社会主义事业，以巾帼不让须眉的豪情和努力，起到了“半边天”的重要作用。要牢牢把握为实现中华民族伟大复兴的中国梦而奋斗的时代主题，组织动员妇女走在时代前列，在改革发展稳定第一线建功立业。在保障妇女权益方面，习近平总书记强调，要把保障妇女权益系统纳入法律法规，在出台法律、制定政策、编制规划、部署工作时充分考虑两性的现实差异和妇女的特殊利益，最大限度调动广大妇女积极性、主动性、创造性，支持和帮助妇女享有出彩的人生。在抗击新冠肺炎疫情和推动经济社会复苏进程中，要把保障妇女权益置于公共卫生和复工复产计划重要地位，拓宽妇女就业渠道，打击侵犯妇女权益的行为。在发挥妇女独特作用方面，习近平总书记强调，要注重家庭、注重家教、注重家风，发挥妇女在社会生活和家庭生活中的独特作用，发挥妇女在弘扬中华民族家庭美德、树立良好家风方面的独特作用，以好的家风支撑起好的社会风气。在发挥妇女组织作用方面，习近平总书记强调，要把联系和服务妇女作为工作生命线，通过立体化、多层面的组织体系最广泛地把广大妇女吸引过来、凝聚起来，让广大妇女在身边就能找到组织、得到及时帮助。

习近平总书记关于妇女和妇女工作的重要论述，思想深刻、内涵丰富，为做好工会女职工工作指明了方向、提供了遵循。新形势下，各级工会必须自觉深入学习贯彻习近平总书记关于妇女工作的重要论述，与学习贯彻习近平总书记关于工人阶级和工会工作的重要论述结合起来，进一步加强对工会女职工工作的研究部署，找准职责定位、把握工作规律，谋划总体思路、明确发展方向，更好发挥工会女职工工作在党和国家工作大局、工会工作全局中的重要作用。

第三节　工会女职工工作的特点和主要任务

一、工会女职工工作的特点

女职工工作作为工会工作的重要组成部分，既体现着工会工作的一般规律，又有鲜明的自身特点，主要表现在以下三个方面。

（一）女职工工作的特殊性

女职工工作的特殊性是由其工作对象的生理、心理特点所决定的。一是女职工特殊的生理。女性有月经、怀孕、生育、哺乳的特殊生理特征，需要进行“四期”保护；女性的心肺功能、骨骼承受重力的能力等均弱于男性，需要在劳动和工作过程中进行特殊保护。虽然国家依据女性的特殊生理特征对女职工的劳动保护做了一系列的规定，但在现实生活中仍然不同程度地存在忽视女职工特殊生理特征的情况。二是女职工特殊的心理。受“男强女弱”、“男主外、女主内”等传统观念的影响，部分女职工还存在自我束缚、自卑自闭、容易满足的心态，心理承受能力弱。改革开放以来，女职工的参与意识和竞争意识在不断加强，但整体看，女职工承受着社会生活和家庭生活的双重压力，心理健康需要予以高度关注。

由于女职工的生理方面和心理方面的原因，使她们在工作和生活中遇到一些特殊困难，工会作为职工群众自己的组织，不仅要反映和解决男女职工的共同要求和问题，还必须专门关心和研究女职工的特点和特殊要求，帮助她们解决实际问题，从而使女职工的聪明才智和创造力得到充分发挥。

（二）女职工工作的相对独立性

女职工工作的特殊性决定了它的相对独立性。女职工的一系列特殊问题，需要有一个专门的女职工组织机构来独立负责、有针对性地开展工作，通过开展系统的调查研究，进行综合分析、总结经验，找出它的规律性，以便更全面、更有效地代表和维护女职工的合法权益和特殊利益。因此，各级工会要按照《工会法》、《中国工会章程》、《工会女职工委员会工作条例》

等有关规定，建立健全女职工组织，并从人员配备和经费上予以保证。

（三）女职工工作的综合性

女职工工作的综合性是指女职工工作与国家有关部门和工会各业务部门的工作都有着密切联系，涉及女职工利益方面的工作内容广、领域宽，凡是有女职工的地方，都有女职工工作。女职工工作要融入整个工会工作，坚持“全会抓女职工工作，女职工工作为全局工作服务”的原则，统筹协调、整合工会内外的各项资源。工会各个职能部门在研究部署工作时，都应将女职工工作的有关内容纳入其中，积极配合、支持和协助女职工组织做好女职工工作。

以上三个特点是工会女职工工作的一般性规律。在各个不同的历史时期，女职工工作还具有体现时代特征的不同特点。各级工会要不断适应形势任务的发展和变化，针对女职工工作的特点与时俱进地开展工作。特别需要注意的是，工作中要准确把握定位，围绕中心、突出特色。一方面，要紧紧围绕党和国家工作大局、围绕工会工作的全局开展工作。只有把工会女职工工作放到大局中去思考和部署，工会女职工组织才能始终坚持正确的政治方向，才能健康可持续发展。另一方面，要坚持从工会女职工组织的性质和特点出发，有特色地开展女职工工作。工会女职工工作的特色主要体现在其服务对象是职工队伍中以性别为特征的特殊利益群体，相应地应当根据其性别特征帮助她们解决在参与社会生产、生活的各个方面遇到的一些特殊问题。要实现好、维护好、发展好女职工的合法权益和特殊利益，就要有针对性地开展各项工作，在指导思想、组织形式、工作格局、活动方式等方面，突出女职工工作的特点，使工会女职工工作更具有生命力、创造力、吸引力和影响力。

二、工会女职工工作的主要任务

（一）加强女职工思想政治引领

突出加强思想政治引领，团结引导女职工群众听党话、跟党走，不断巩固党执政的阶级基础和群众基础，是工会组织的政治责任。当前，我国女职工队伍规模不断壮大、结构深刻变化，“90后”大幅增加，“00后”逐渐进入职工队伍，不同群体女职工在收入分配、价值取向、思想观念等方面呈现出多样化、差异化的新特征，使思想政治工作面临新情况新问题新挑战。各级工会女职工组织要从政治和全局的高度，深刻认识加强职工思想政治引领的极端重要性、现实紧迫性，把学习贯彻习近平新时代中国特色社会主义思想作为首要政治任务，深入进行有特色、接地气的宣讲，引导广大女职工深刻领悟“两个确立”的决定性意义，增强“四个意识”、坚定“四个自信”、做到“两个维护”。要深入研究新形势下加强职工思想政治工作的路径方法，以社会主义核心价值观引领女职工，结合不同女职工群体特点，创新思想政治工作方式载体，切实把亿万女职工最广泛最紧密地团结在党的周围。要强化网上思想政治引领，适应数字化、信息化、智能化趋势，提升融合运用传统媒体和新兴媒体开展工作的本领，增强思想政治工作的吸引力和感染力，把牢意识形态工作主动权，对涉及女职工权益的网络舆情，要敢于发声亮剑，切实维护劳动领域政治安全。

（二）团结动员女职工在高质量发展中建功立业

习近平总书记强调，全面建设社会主义现代化国家，符合全国各族人民根本利益和共同愿望，我国工人阶级和广大劳动群众要坚定不移听党话、矢志不渝跟党走，当好主人翁、建功新时代。各级工会女职工组织要紧紧围绕统筹推进“五位一体”总体布局和协调推进“四个全面”战略布局，围绕实现“十四五”规划目标任务，深入实施女职工提升素质建功立业工程，组织动员女职工积极参与“建功‘十四五’、奋进新征程”主题劳动和技能竞赛，开展具有女职工特色和时代特征的竞赛活动，为推动高质量发展、建设现代化经济体系作出新贡献。要主动适应转变发展方式、优化经济结构对女职工队伍素质提出的新要求，落实好产业工人队伍建设改革各项部署，研究提升女职工素质新平台、新模式、新机制，加快建设知识型、技能型、创新型女职工队伍。要大力弘扬劳模精神、劳动精神、工匠精神，发扬女职工自尊、自信、自立、自强精神，举办巾帼工匠风采展、巾帼工匠论坛，广泛开展新时代巾帼劳模宣讲活动，大力宣传女职工在建设社会主义现代化国家新征程中发挥的作用，积极营造尊重劳动、尊重劳动者的浓厚氛围，激发广大女职工的劳动热情和创新创造活力。

（三）依法维护女职工的合法权益和特殊利益

习近平总书记强调，要坚持以人民为中心的发展思想，维护好工人阶级和广大劳动群众合法权益，解决好就业、教育、社保、医疗、住房、养老、食品安全、生产安全、生态环境、社会治安等问题，不断提升工人阶级和广大劳动群众的获得感、幸福感、安全感。维护女职工的合法权益和特殊利益是工会女职工组织的基本职责，是党对工会女职工组织提出的要求，也是广大女职工的迫切愿望。维护女职工的合法权益和特殊利益主要包括以下四个方面内容：一是积极推动、参与女职工合法权益和特殊利益相关法律法规和政策的研究制定，积极参与协调劳动关系。二是监督和协助有关方面落实女职工权益保障相关政策法规，依法维护好女职工的合法权益和特殊利益。三是积极建言献策，及时向有关方面反映广大女职工的呼声与要求，推动女职工权益维护方面问题的解决。四是依法与一切侵犯女职工权益的行为作斗争。

在维权工作中，各级工会女职工组织要加强源头参与、政策指导，积极推动《劳动法》、《劳动合同法》、《妇女权益保障法》、《工会法》、《女职工劳动保护特别规定》等一系列法律法规的贯彻落实，使工会女职工组织参与管理国家和社会事务、管理经济和文化事业制度化、法治化，工会维护女职工自身权益的内容和方式制度化、法治化。通过多种渠道参与国家和地方的立法及政策的制定，通过工会组织中的人大代表和政协委员提出立法建议、议案和提案，参与法律、法规草案的研究、审议和修改；在工会与政府、企业代表进行劳动关系三方协商等过程中，发挥工会女职工组织的作用。

（四）做实做细女职工关爱服务工作

竭诚为职工群众服务是工会一切工作的出发点和落脚点。要坚持以职工为中心的工作导向，抓住女职工最关心最直接最现实的利益问题、最困难最操心最忧虑的实际问题，做到哪里的女职工有困难，哪里的工会女职工组织就站出来帮助解决。要时刻把女职工日益增长的美好生活需要挂在心上，深入研究解决女职工在精神文化、生产生活等方面的多样化需求，拓展“女职工关爱行动”内容，积极稳妥推动工会爱心托管和托育服务工作，关爱女职工身心健康，组织开展线上线下婚恋交友服务、“六一”慰问活动等，以深入细致、精准多样的服务赢得女职工的信赖和支持。要大力做好困难女职工解困脱困工作，高度关注供给侧结构性改革、去产能过程中女职工面临的生产生活困难，加大对女农民工、单亲困难女职工等群体的帮扶力度，及时精准做好因各种原因返贫致困女职工的帮扶救助，使她们感受到党和政府的关爱以及工会大家庭的温暖。

（五）充分发挥女职工在社会生活和家庭生活中的独特作用

家庭文明建设对于国家发展、民族进步、社会和谐具有重要作用，要围绕“三个注重”指示要求，把家庭文明建设作为一项长期任务常抓常新。进一步丰富“培育好家风——女职工在行动”主题实践活动内涵，创新工作手段，引导女职工带动家庭成员，发扬尊老爱幼、男女平等、夫妻和睦、勤俭持家、邻里团结等中华民族传统美德，推动社会主义核心价值观在职工家庭中落细落小落实。积极培育选树文明家庭、最美家庭、绿色家庭，开展家庭教育指导服务，通过网上网下专题讲座、教育培训、咨询指导等形式，为广大女职工及家庭提供婚姻指导、心理咨询、子女教育等服务。深入开展“玫瑰书香”女职工主题阅读活动，引导女职工爱读书、读好书、善读书。积极倡导男女共同承担子女教育、赡养老人、家庭事务管理、家务劳动等家庭责任，帮助女职工处理好家庭和工作的关系，以家庭的和睦稳定推动社会的文明进步。

（六）持之以恒加强工会女职工组织自身建设

树立大抓基层的鲜明导向，坚持落实到基层、落实靠基层的理念，依托全会推进工会组织向新兴领域新兴群体延伸、开展新就业形态劳动者工会工作和基层工会组织实名制管理等工作部署，积极探索不同女职工群体入会的组织方式和工作方法，同步推进基层工会女职工组织建设，不断突破组建盲区，着力扩大组织覆盖、工作覆盖，做到哪里有女职工，工会女职工工作就要跟进到哪里。要切实改进工作作风，进一步强化服务意识，提升服务能力，建立健全密切联系服务女职工工作机制。要大兴调查研究之风，尊重基层首创精神，善于总结、提炼、升华地方和基层鲜活经验，实现顶层设计与基层探索的良性互动，不断推动新时代工会女职工工作理论创新、制度创新和实践创新。各级工会女职工工作干部要大兴学习之风，不断掌握新知识，熟悉新领域，开拓新视野。要按照全国总工会关于全国工会干部教育培训规划安排，以基层工会女职工工作专兼职干部、新任工会女职工工作干部为重点，加强教育培训和实践锻炼，着力增强工会女职工工作干部政治素质、职业精神和群众工作本领。要主动适应信息化和新媒体发展趋势，紧密结合女职工队伍特点和需求，依托全会智慧工会建设，加快推进工会女职工工作网络化建设，做好网上宣传引导、传输信息、高效服务等各项工作，努力打造线上线下相互促进、有机融合的工作新格局。

第四节　新时代工会女职工工作

一、工会女职工工作面临的新形势

当前我国发展目标、发展任务、发展环境都发生了许多新的变化，做好新时代女职工工作面临许多具有时代特征的新课题、新挑战。

（一）贯彻落实党中央关于群团改革决策部署，需要各级工会女职工组织担当作为

2015 年 1 月 8 日，中共中央印发《关于加强和改进党的群团工作的意见》，7 月 6 日，党中央首次召开中央党的群团工作会议，从巩固党执政的阶级基础、群众基础的战略高度，从党和国家事业长远发展的全局高度，深刻阐明了党的群团工作的一系列重大理论和实践问题。会后不久，中央部署开展群团改革试点，进而全面推进群团改革，党对群团工作的领导得到全面加强。2018 年 10 月 29 日，习近平总书记同中华全国总工会新一届领导班子成员集体谈话并发表重要讲话，明确指出工会要忠诚党的事业，通过扎实有效的工作把坚持党的领导和我国社会主义制度落实到广大职工群众中去；完成党的十九大提出的目标任务，必须充分发挥工人阶级主力军作用；引导职工群

众听党话、跟党走，巩固党执政的阶级基础和群众基础，是工会组织的政治责任；工会要坚持以职工为中心的工作导向，抓住职工群众最关心最直接最现实的利益问题，认真履行维护职工合法权益、竭诚服务职工群众的基本职责；工会改革是全面深化改革的重要组成部分，要认真构建联系广泛、服务职工的工会工作体系。习近平总书记关于工人阶级和工会工作的重要论述是习近平新时代中国特色社会主义思想的重要组成部分，丰富和发展了党的群众工作理论和工运理论，是推动新时代工运事业和工会工作创新发展的根本遵循。各级工会女职工组织要把学习贯彻习近平总书记关于工人阶级和工会工作的重要论述与党中央关于群团改革决策部署作为重要政治任务，充分认识改革创新的重要性、紧迫性，聚焦政治性、先进性、群众性，把握改革导向，进一步构建和创新组织体制、运行机制、活动方式和工作方法，着力增强工会女职工组织的吸引力、凝聚力、战斗力。特别要注重建立健全密切联系女职工工作机制，深入基层、走进女职工，实现与女职工联系零距离，让工会女职工组织成为广大女职工看得见、找得到、信得过、靠得住的“娘家人”。

（二）推进新时代党的妇女事业发展，迫切要求加强女职工工作

党和国家始终高度重视妇女事业发展，“坚持男女平等基本国策，保障妇女儿童合法权益”写入党的十八大、十九大、二十大报告，成为党治国理政的重要理念和内容。《中国妇女发展纲要（2021—2030 年）》是新时代落实男女平等基本国策、促进妇女全面发展、推动妇女走在时代前列的中长期规划，明确了未来十年妇女事业发展的方向。需要各级工会女职工组织主动对标对表新时代妇女事业发展目标任务，特别是落实好新一周期妇女发展纲要在健康、教育、经济、参与决策和管理、社

会保障、家庭建设、环境、法律等领域对女职工工作提出的新要求，聚焦工会组织主责主业，替女职工说话，为女职工办事，落实好“消除就业性别歧视”、“促进女性人才发展”、“妇女与家庭建设”、“消除性别数字鸿沟”等方面的重点任务，促进广大女职工全面发展。

（三）推动经济社会高质量发展，为加强女职工工作搭建广阔舞台

立足新发展阶段，贯彻新发展理念，构建新发展格局，推动高质量发展，必须紧紧依靠工人阶级和广大劳动群众。推动经济社会高质量发展，需要充分发挥妇女的“半边天”作用。各级工会女职工组织要紧跟新时期产业工人队伍建设改革步伐，满足女职工的多样化学习需求、发展需求，提升女职工技术技能素质，加快建设知识型、技能型、创新型女职工队伍；研究女职工队伍的发展变化和女职工的自身特点，最大限度地激发广大女职工创新创造的潜能和活力，为高质量发展提供强大人力支撑；带动广大女职工主动融入科技革命和产业变革，以主人翁姿态建功新时代、奋进新征程。

（四）女职工对美好生活的向往，为加强女职工工作带来新课题

随着全体人民共同富裕的稳步推进，工会维护包括女职工在内的全体职工群众的合法权益的工作任务更加艰巨繁重。当前，受国家生育政策调整、经济下行压力加大等因素叠加影响，女职工在劳动就业、生育保护、职业发展等权益实现以及平衡工作和家庭责任等方面仍存在诸多困难，女性农民工、城市困难女职工等群体利益保障还面临难点堵点问题。我国新就业形态女性劳动者队伍不断壮大，如何维护她们的合法权益和特殊利益，还需要进一步探索实践。以上这些，迫切要求进一步加大工会女职工工作力度，提高维权服务精准性、实效性，努力

解决广大女职工的后顾之忧，使她们的获得感成色更足、幸福感更可持续、安全感更有保障。

二、工会女职工工作的新任务

新形势对女职工工作提出了新任务。开创新时代工会女职工工作新局面，需要在总结延续已有的好经验、好做法基础上，不断拓展工作领域和内容，进一步明确新任务。

（一）坚持正确的政治方向

以习近平新时代中国特色社会主义思想为指导，深入学习贯彻习近平总书记关于工人阶级和工会工作、关于妇女工作的重要论述，深刻领悟“两个确立”的决定性意义，不断增强“四个意识”、坚定“四个自信”、做到“两个维护”，始终保持工会女职工工作正确政治方向。要切实把思想政治引领工作贯穿到女职工工作全过程，采取女职工喜闻乐见的方式讲好党的创新理论，团结带领广大女职工不断增强对习近平新时代中国特色社会主义思想的政治认同、思想认同、情感认同，坚定不移听党话、感党恩、跟党走。

（二）坚持服务经济社会发展

坚决贯彻党中央决策部署，牢牢把握为实现中华民族伟大复兴的中国梦而奋斗这一时代主题，聚焦“十四五”时期国家重大战略，团结动员广大女职工在实现第二个百年奋斗目标的新征程上贡献智慧和力量。继续深入实施女职工提升素质建功立业工程，开展有女职工特色的劳动和技能竞赛，发挥女职工创新工作室、女职工培训示范学校等阵地作用，实施女职工数字赋能行动，为女职工提升素质、岗位建功搭建平台。大力弘扬劳模精神、劳动精神、工匠精神，开展先进女职工评选表彰、巾帼劳模工匠宣讲等活动，团结带领广大女职工积极投身全面建设社会主义现代化国家的火热实践，在伟大奋斗中赢得出彩人生。

（三）坚持维权服务精准化

始终坚持以职工为中心的工作导向，及时回应女职工现实关切与诉求，帮助女职工解决工作生活中的难点痛点问题，在维权服务中聚人心、暖人心。进一步加强源头参与，在法律法规政策制定中积极反映女职工利益诉求，提出工会建议主张。密切关注国家生育政策调整对女职工就业、职业发展和家庭生活等方面的影响，重点关注新就业形态女性劳动者等群体，创新维权服务手段，提高维权服务实效，建立健全普法宣传、法律监督、纠纷调解、法律援助等一体化维权工作体系，倾情做好婚恋交友、托育托管、心理健康等关爱服务，推动形成一批立得住、叫得响的工会女职工维权服务特色品牌。对侵犯女职工合法权益和特殊利益的现象，要依法进行坚决斗争。

（四）坚持加强自身建设

努力做到哪里建工会、哪里有女职工、哪里就要建立工会女职工组织，最大限度地把包括新就业形态女性劳动者在内的广大女职工吸引到工会组织中来。坚持边组建、边规范，落实工会女职工组织机构、干部配备、组建与换届程序、作用发挥等方面要求，进一步增强工会女职工组织活力。通过教育培训和实践锻炼，着力建设一支政治强、素质高、业务精、服务优、作风好的工会女职工工作干部队伍，不断提升工会女职工工作科学化水平。持续改进女职工工作作风，深入基层一线，不断提高做好群众工作的本领，用心用情服务女职工，切实增强工会女职工组织吸引力凝聚力。

三、创新工会女职工工作方式方法

为主动适应工会女职工工作面临的新形势新任务，积极回应女职工的新需求新期盼，2022 年，全国总工会印发《关于加强新时代工会女职工工作的意见》，要求必须贯彻落实党对群团工作的整体部署，正确把握全国总工会工作部署、地方工会诉求以及女职工关切之间的关系，进一步创新工作理念和方式方法。

（一）加强对内统筹

依托全会力量推进女职工工作，密切与工会相关部门、产业工会和直属单位的联系，推动将女职工工作重点内容纳入工会总体工作部署，着力打造汇聚工会系统内部资源力量、合力推动女职工工作格局。

（二）做好对外协调

女职工工作线多面广，要善于争取人社、卫健等政府部门的支持，密切与妇联等群团组织的联系合作，延长工作手臂，在加强宣传报道、开展先进典型进校园宣讲活动、开展女职工职业技能培训、开展女职工权益保护普法宣传、推进托育托管服务工作、促进女职工健康、开展职工婚恋服务、推进家庭文明建设工作等方面加强合作。加强与国务院妇女儿童工作委员会联系沟通，共同做好妇女儿童工作。加强与卫健、公安等部门联系，在维护妇女儿童合法权益方面共同发力，从源头上维护女职工权益。

（三）保持上下联动

各级工会要结合实际制定实施意见，明确分工职责，贯彻落实好文件精神。各省级工会女职工组织要积极发挥承上启下作用，贯彻落实全国总工会工作部署，加强对本地区、本系统工会女职工工作的指导。

（四）加强调查研究

聚焦党政关心、社会关注以及女职工关切的热点难点问题，加强政策理论调查和研究，分析研判在调研和信访工作中涉及女职工权益维护相关数据和案例，是进一步把握新时代工会女职工工作特点和规律、推进工作创新发展的重要途径。2022年，全国总工会女职工部印发《关于开展2022年度工会女职工工作课题调研的通知》，对调查研究工作进行专门部署，明确各省级工会女职工组织结合实际做好选题和调研组织实施，并积极推动调研成果转化。

（五）打造工作品牌

品牌在推进工作发展中发挥重要的示范引领作用，多年来，各级工会女职工组织积极探索，已经形成“玫瑰书香”女职工主题阅读活动、女职工普法宣传月、女职工“两癌”筛查、女职工休息哺乳室、“会聚良缘”工会婚恋交友服务、工会“爱心托管”、用人单位爱心托育等品牌，要在做优做强品牌、不断赋予品牌新内涵上下功夫，把传统品牌打造成新亮点，结合实际持续探索创新，高质量培育新品牌，推动形成品牌效应，进一步提升工会女职工工作社会影响力。

思考题：

1. 马克思主义妇女观的主要内容是什么？
2. 工会女职工工作的主要任务是什么？
3. 当前工会女职工工作面临的新形势是什么？
4. 如何推动工会女职工工作实现创新发展？

第二章　工会女职工组织

工会女职工组织是工会负责开展女职工工作内设机构的统称，在同级工会领导下根据女职工的特点和意愿开展工作。随着工会组织和工会工作的不断发展，工会女职工组织的机构、组织制度和工作制度逐步建立健全，经历了从无到有、从小到大不断发展的过程。截至 2021 年 9 月，基层工会女职工组织在有女职工的工会中的覆盖率达 90.8%。

第一节　工会女职工组织的机构、组织制度和工作制度

健全的组织机构、组织制度和工作制度，是开展工作的保障和基础。各级工会应按照《工会法》、《中国工会章程》、《企业工会工作条例》、《工会女职工委员会工作条例》和《中华全国总工会关于加强新时代工会女职工工作的意见》等相关规定，建立健全工会女职工组织，并完善女职工组织的各项制度机制。

一、法律规章和相关文件关于建立工会女职工组织的规定

工会女职工组织的建立受到法律规章保障和政策文件支持。《工会法》、《中国工会章程》、《企业工会工作条例》、《工会女职工委员会工作条例》对各级工会建立健全工会女职工组织分别作出规定。

（一）《工会法》

第十一条：……女职工人数较多的，可以建立工会女职工委员会，在同级工会领导下开展工作；女职工人数较少的，可以在工会委员会中设女职工委员。

（二）《中国工会章程》

第十四条：各级工会建立女职工委员会，表达和维护女职工的合法权益。女职工委员会由同级工会委员会提名，在充分协商的基础上组成或者选举产生，女职工委员会与工会委员会同时建立，在同级工会委员会领导下开展工作。企业工会女职工委员会是县或者县以上妇联的团体会员，通过县以上地方工会接受妇联的业务指导。

（三）《企业工会工作条例》

第七条：会员二十五人以上的企业建立工会委员会；不足二十五人的可以单独建立工会委员会，也可以由两个以上企业的会员按地域或行业联合建立基层工会委员会。同时按有关规定建立工会经费审查委员会、工会女职工委员会。

第四十二条：企业工会有女会员十名以上的，应建立工会女职工委员会，不足十名的应设女职工委员。女职工委员会在企业工会委员会领导和上一级工会女职工委员会指导下开展工作。女职工委员会主任由企业工会女主席或副主席担任。企业工会没有女主席或副主席的，由符合相应条件的工会女职工委员担任，享受同级工会副主席待遇。女职工委员会委员任期与同级工会委员会委员相同。

（四）《工会女职工委员会工作条例》

第十二条：各级工会建立女职工委员会。女职工委员会与工会委员会同时建立。企业、事业单位、机关和其他社会组织等工会基层委员会有女会员十人以上的建立女职工委员会，不足十人的设女职工委员。基层工会女职工委员会主任、副主任与工会委员会同时报上级工会审批。

第十三条：省、自治区、直辖市、地（市、州）总工会女职工委员会，实行垂直领导的产业工会女职工委员会，大型企业、事业单位、机关和其他社会组织等工会女职工委员会应设立办公室（女职工部），负责女职工委员会的日常工作；县级、乡镇（街道）、村（社区）工会和中、小企事业单位、机关等工会女职工委员会根据工作需要设专职或兼职工作人员，也可以设立办公室（女职工部）。

第十四条：女职工委员会委员由同级工会委员会提名，在充分协商的基础上产生，也可召开女职工大会或女职工代表大会选举产生。注重提高女劳动模范、一线女职工和基层工会女职工工作者在工会女职工委员会委员中的比例。县以上工会女职工委员会根据工作需要可聘请顾问若干人。

第十五条：县以上工会女职工委员会常务委员会由主任一人、副主任若干人、常委若干人组成。

第十六条：在工会代表大会、职工代表大会、教职工代表大会中，女职工代表的比例应与女职工占职工总数的比例相适应。

第十八条：女职工委员会主任由同级工会女主席或女副主席担任，也可经民主协商，按照相应条件配备，享受同级工会副主席待遇。女职工委员会主任应提名为同级工会委员会或常务委员会委员候选人。

第十九条：女职工 200 人以上的企业、事业单位工会女职工委员会，应配备专职女职工工作干部。

第二十条：女职工委员会委员任期与同级工会委员会委员任期相同。在任期内，由于委员的工作变动等原因需要调整时，由工会女职工委员会提出相应的替补、增补人选，经同级工会委员会审议通过予以替补、增补，并报上级工会女职工委员会备案。

二、组织机构

工会女职工组织机构大致可以分为全国性机构、地方性机构、产业性机构和基层组织。

（一）全国性工会女职工组织机构

全国总工会女职工委员会是在全国总工会领导下的具有民主性、代表性的全国性的女职工组织。全国总工会女职工委员会委员由各省（区、市）总工会、各全国产业工会、中央和国家机关工会联合会分管女职工工作的女主席（或女副主席）或女职工委员会主任，中共中央、国家机关有关部门及全国总工会机关相关业务部门和直属单位负责同志，社会有关方面的女专家学者以及基层工会女职工组织和女职工代表等组成，并设顾问若干人。全国总工会女职工委员会主任由全国总工会分管女职工工作的女副主席担任，副主任由全国总工会女职工部部长担任。女职工委员会设办公室，全国总工会女职工部同时承担全国总工会女职工委员会办公室的职责，重大问题提交女职工委员会常委会讨论决定。

（二）地方性工会女职工组织机构

地方工会女职工委员会是按照国家行政区划所建立的省、自治区、直辖市，设区的市和自治州，县（旗）、自治县、不设区的市等地方总工会的女职工委员会。省、市级总工会女职工委员会的工作机构是同级工会的女职工部；县级工会女职工委员会根据需要设立专职或兼职的工作人员，有条件的设立女职工部，负责女职工委员会的日常工作。

（三）产业性工会女职工组织机构

产业工会女职工委员会是按照同一国民经济部门或性质相

近的几个国民经济部门所组建的全国性和地方性的产业工会的女职工委员会。除中华全国铁路总工会、中国民航工会、中国金融工会所属女职工委员会受其产业工会领导外，地方产业工会女职工委员会实行以地方产业工会领导为主，同时接受地方工会女职工委员会和上级产业工会女职工委员会的指导。

（四）基层工会女职工组织

基层工会女职工组织是指企业、事业单位、机关和其他社会组织的工会女职工委员会。各级工会女职工委员会在接受同级工会领导的同时接受上级工会女职工委员会的指导。

三、组织制度

《中国工会章程》第二章第十四条规定："各级工会建立女职工委员会，表达和维护女职工的合法权益。女职工委员会由同级工会委员会提名，在充分协商的基础上组成或者选举产生，女职工委员会与工会委员会同时建立，在同级工会委员会领导下开展工作。"全国总工会 2019 年 3 月印发的《工会女职工委员会工作条例》也对工会女职工委员会的组织制度作出了具体规定。工会女职工委员会组织制度主要包括以下内容。

（1）各级工会建立女职工委员会。女职工委员会与工会委员会同时建立。企业、事业单位、机关和其他社会组织等工会基层委员会有女会员十人以上的建立女职工委员会，不足十人的设女职工委员。基层工会女职工委员会主任、副主任与工会委员会同时报上级工会审批。

（2）省、自治区、直辖市、地（市、州）总工会女职工委员会，实行垂直领导的产业工会女职工委员会，大型企业、事业单位、机关和其他社会组织等工会女职工委员会应设立办公室（女职工部），负责女职工委员会的日常工作；县级、乡镇（街道）、村（社区）工会和中、小企事业单位、机关等工会女职工委员会根据工作需要设专职或兼职工作人员，也可以设立办公室（女职工部）。

（3）女职工委员会委员由同级工会委员会提名，在充分协商的基础上产生，也可召开女职工大会或女职工代表大会选举产生。注重提高女劳动模范、一线女职工和基层工会女职工工作者在工会女职工委员会委员中的比例。县以上工会女职工委员会根据工作需要可聘请顾问若干人。

（4）县以上工会女职工委员会常务委员会由主任一人、副主任若干人、常委若干人组成。

（5）在工会代表大会、职工代表大会、教职工代表大会中，女职工代表的比例应与女职工占职工总数的比例相适应。

（6）工会女职工委员会是县以上妇联的团体会员，通过县以上地方工会接受妇联的业务指导。

四、工作制度

《工会女职工委员会工作条例》对工会女职工委员会工作制度作出如下规定。

（1）女职工委员会实行民主集中制。凡属重大问题，要广泛听取女职工意见，由委员会或常务委员会进行充分的民主讨论后作出决定。

（2）女职工委员会根据工作需要制定有关制度。每年召开一至二次常务委员会和委员会会议，也可临时召开会议。

（3）工会女职工委员会要定期向同级工会委员会和上级工会女职工委员会报告工作。

（4）县级以上各级工会女职工委员会要把工作重心放在基层，增强基层女职工组织的活力，为广大女职工服务。

第二节　工会女职工组织的自身建设

一、加强工会女职工组织自身建设的重要意义

随着经济社会不断发展，劳动关系更加复杂，女职工维权服务工作任务加重，工作难度也不断加大，加强工会女职工组织的自身建设，对推进女职工工作创新发展具有重要意义。

加强工会女职工组织自身建设，有利于更好适应经济社会发展变化。当前，国际国内形势复杂严峻，女职工工作面临许多新形势新任务，对工会女职工组织和广大女职工工作者提出了新的要求。以习近平同志为核心的党中央高度重视工人阶级和工会工作、妇女工作，2015 年印发《关于加强和改进党的群团工作的意见》，组织召开党的群团工作会议，立足党和国家发展全局，对做好新形势下党的群团工作提出了一系列新思想新观点新要求，强调在新形势下，党的群团工作只能加强、不能削弱，只能改进提高、不能停滞不前，必须从巩固党执政的阶级基础和群众基础的政治高度，把群团组织建设得更加充满活力、更加坚强有力。工会女职工组织作为工会组织的重要组成部分，要始终以改革创新的精神加强自身建设，不断增强政治性、先进性、群众性，主动适应发展变化的新形势，更好地履行组织、引导、维护和服务女职工的各项职责。

加强工会女职工组织的自身建设，有利于女职工工作创新发展。随着我国经济结构调整和全面改革的逐步深入，包括女职工在内的职工队伍内部结构发生深刻变化。女职工队伍结构、思想观念、利益诉求、价值取向等呈现出诸多新特点，对女职工工作内容、工作方式等提出了新挑战，迫切需要与时俱进加强工会女职工组织自身建设，提升履行职责的能力和水平，更

好适应经济社会结构变化和维护服务女职工的需要。2022 年 2 月，全国工会系统女职工工作会议召开，全面总结近年来工会女职工工作成效，对做好新时代工会女职工工作进行研究部署，强调各级工会要进一步重视女职工工作，加强统筹谋划，把女职工工作纳入工会总体工作一体部署、一体推进，构建齐抓共管、上下联动、各方支持、合力推进的工会女职工工作大格局；指出要不断加强工会女职工组织自身建设，努力做到哪里建工会、哪里有女职工、哪里就要建立工会女职工组织，切实增强吸引力凝聚力；要加强基层工会女职工组织建设，强化上级工会与基层工会女职工组织的联系和工作指导，为持续加强新时代工会女职工组织自身建设指明了方向。

二、工会女职工组织自身建设的主要内容

（一）工会女职工组织体系建设

1. 基层工会女职工组织建设。

基层工会女职工组织是开展工会女职工工作的基础，党的路线方针政策和党对工会工作及女职工工作的要求，要靠基层工会女职工组织去贯彻执行；女职工的意愿和诉求，要靠基层工会女职工组织去反映、解决；工会工作及女职工工作各项任务，要靠基层工会女职工组织去落实；工会女职工工作的成效，要靠基层工会女职工组织和女职工去评判。

（1）工会女职工组织建设的基础在基层，因此要把加强基层组织的建设放在重要位置。一要坚持最大限度地把女职工组织到工会中来。认真落实《中华全国总工会关于进一步加强基层工会工作的决定》、《中华全国总工会关于进一步加强开发区、工业园区工会工作的意见》、《中华全国总工会关于增强基层工会活力、发挥基层工会作用的实施意见》、《中华全国总工

会关于加强新时代工会女职工工作的意见》等文件精神，推进基层工会女职工组织建设，不断扩大工会女职工组织覆盖面。二要坚持以工会组织建设带动工会女职工组织建设的原则，将工会女职工组织建设主动融入工会组建整体部署、同步推进、同步考核。三要在巩固现有女职工组织建设成果的基础上，积极适应经济发展新常态下中小非公企业女职工特别是灵活就业女职工不断增加的实际，把非公有制经济组织、社会组织作为夯实组织基础的着力点，加快推进新领域新阶层工会女职工组织建设；要进一步加强区域性行业性工会联合会特别是女职工较为集中的产（行）业工会女职工委员会建设。四要紧跟工会推进新就业形态劳动者工会工作的步伐，做好新就业形态女性劳动者建会入会和维权服务工作。

（2）在基层工会女职工组织建设工作中，不同企业各有侧重。公有制企业组织建设工作的重点是在巩固工会女职工组织的基础上，结合新形势下工会女职工工作的新情况新问题，进一步创新工作，激发组织活力，更好地发挥作用；改制企业组织建设工作的重点是在重组工会的同时，重点抓好女职工组织的同步组建，建立健全组织制度、工作制度，围绕改制后的女职工工作新情况新问题，积极开展工会女职工工作；非公有制企业和新建企业特别是互联网企业组织建设工作的重点，是按照工会女职工组织与工会组织同时筹备、同时产生（换届）、同时报批的原则，同步建立工会女职工组织，建立健全各项制度，按照组织健全、机制完善、维权到位、作用明显的标准，进一步加强女职工组织规范化建设。

（3）推动基层工会女职工组织建设应重点把握的几个要求。一是按照统筹兼顾、突出重点、分类指导、整体推进的原则。既要推动基层工会女职工组织的建立，又要注重基层工会女职工组织作用的发挥；既要巩固和发展公有制企业、事业单位和机关的工会女职工组织，又要进一步规范非公有制经济组织、社会组织的工会女职工组织。二是努力实现在已建工会组织的单位中女职工组织的全覆盖。三是要在巩固公有制企业组织建设成果的基础上，着力加强非公企业以及现代服务业等重点产业领域和企业集中的经济技术开发区、商贸楼宇、集贸市场等重点区域的女职工组织建设。四是要加强工会女职工组织规范化建设，充分激发组织活力，切实发挥基层工会女职工组织在协调劳动关系、促进经济发展、构建和谐社会中的作用。

2. 工会领导机关女职工组织建设。

工会领导机关女职工组织建设应重点把握的原则。一是要提高对女职工工作重要性的认识，切实将女职工工作纳入工会工作的重要议事日程，把工会女职工组织建设纳入工会组织建设的总体规划，做到工会组建到哪里，女职工组织就同时建立到哪里，构建全会抓女职工工作、女职工工作为工会全局服务的工作格局。二是要按照相关要求建立女职工委员会，确定合理的人员配置，配齐配强工会女职工工作干部，并按照相关规定落实好待遇。同时要进一步加强工会女职工组织规范化建设。三是在各级工会机构改革过程中，女职工组织不能削弱，更不能撤销，对已经出现的撤并或削弱工会女职工组织的现象应及时予以纠正。四是要充分保障女职工工作经费。

3. 推进实现工会女职工组织全覆盖。

一是明确推进实现全覆盖的原则。实现在已建工会单位中女职工组织全覆盖，要坚持的基本原则是：坚持女职工组织建设与工会组织建设“三同时”；坚持突出重点、突破难点，针对薄弱环节，加强对重点领域、行业和企业的分类指导，探索创新组建形式，集中力量，重点突破；坚持扎实推进、注重实效，建立和完善工作运行机制、监督检查机制、目标考核机制。二是掌握推进全覆盖工作的要求。将“两个覆盖”纳入全会重点工作同步推进，加大重点企业、重点领域推进工作力度，加强推进“两个覆盖”的制度建设，加强督导检查。

4. 加强工会女职工组织规范化建设。

加强工会女职工组织规范化建设是各级工会和工会女职工组织的重要任务。2011 年，中华全国总工会办公厅印发《关于加强工会女职工组织规范化建设的意见》，围绕加强工会女职工组织规范化建设的重要意义、工会女职工组织规范化建设遵循的基本原则、工会女职工组织规范化建设的主要内容、工会女职工组织规范化建设的标准等，对各地推进女职工组织规范化建设工作提出了具体要求。多年来，各地工会女职工组织通过组织开展工会女职工组织规范化建设示范单位（点）创建活动，发挥典型引领示范作用，带动和推进各地工会女职工组织规范化建设工作的深入开展，女职工组织规范化建设水平有了明显提高。

5. 发挥工会女职工委员会委员的优势和作用。

工会女职工委员会委员来自各个领域，具有广泛的社会联系和群众基础，重视发挥各位委员的作用，有利于更好地履行全国总工会及各级工会女职工委员会的基本职责、代表和维护女职工的合法权益和特殊利益；有利于整合现有资源、加强女职工工作力量、形成工作合力；有利于扩大女职工工作的社会影响、进一步增强工会女职工组织的凝聚力和吸引力。为充分发挥全国总工会女职工委员会委员的优势和作用，进一步加强工会女职工工作，中华全国总工会办公厅于 2011 年 3 月印发《关于充分发挥全国总工会女职工委员会委员作用的意见》；为深入贯彻落实习近平总书记关于工人阶级和工会工作、关于妇女工作的重要论述，认真落实全国工会系统女职工工作会议精神，进一步加强全国总工会女职工委员会自身建设，为各位常委履行职责、发挥作用创造条件，2022 年 4 月，全国总工会女职工委员会办公室制定联系服务全国总工会女职工委员会常委工作制度。制度围绕密切沟通联系、听取意见建议、强化服务保障等方面作出规定。

6. 密切与基层工会女职工组织的联系，建立完善女职工工作联系点制度。

为加强全国总工会、地方工会女职工组织与企业工会女职工组织和女职工的联系，畅通工作交流渠道，及时了解、研究企业工会女职工工作面临的新情况新问题，全国总工会女职工委员会办公室 2009 年建立了企业工会女职工委员会工作联系点制度，首批在全国各省（区、市）建立了 31 个女职工工作联系点。2017 年 8 月，本着自愿调整的原则，各省（区、市）总工会女职工委员会综合考虑本省（区、市）女职工工作联系点的工作机构、人员现状以及作用发挥等情况，重新推荐女职工工作联系点，经全国总工会女职工委员会审核，完成 31 个女职工工作联系点的调整工作。2022 年 5 月，全国总工会女职工委员会办公室印发《关于全总女职工工作联系点若干工作事项变更的通知》，根据《全国总工会网站管理办法》要求，变更各联系点上报信息的渠道，中国工会女职工工作网后台不再对各省（区、市）联系点直接开放，各联系点需要上传信息通过所在省（区、市）女职工委员会办公室上报。同时根据工作调整，公布负责与联系点联系的全国总工会女职工委员会办公室联系人信息，进一步畅通全国总工会女职工委员会与各联系点的沟通渠道。

7. 加强新时代工会女职工组织自身建设。

贯彻落实《关于加强新时代工会女职工工作的意见》要求，围绕扩大工会女职工组织覆盖、加强工会女职工组织机构建设、推动工会女职工组织运行制度化规范化、构建统筹协调机制、加强调查研究、用好网上工作平台等方面，坚持系统思维，加强女职工组织自身建设，全面提升工会女职工工作水平。

（二）工会女职工工作者队伍建设

工会女职工工作者队伍建设是工会女职工组织自身建设的重要内容，是做好工会女职工工作的重要保证。突出抓好工会女职工工作者队伍的思想理论、党性修养和专业能力建设，有利于为履行工会女职工组织的职能提供思想政治保证和智力支持。

1. 提高工会女职工工作者的素质。

突出抓好思想理论、党性修养和专业能力建设，为履行工会女职工组织的职能提供思想政治保证和智力支持，是新形势下工会女职工工作实现创新与发展的需要。新形势、新阶段工会女职工工作的环境和任务发生了深刻变化，有许多新情况、新问题需要去探索，有许多新领域、新业务需要去开拓，有许多新知识、新方法需要去掌握。要求工会女职工工作者努力加强自身能力培养，切实提高服从服务于党和国家工作大局的能力，提高组织、动员、依靠和服务广大女职工的能力，提高表达和维护女职工合法权益的能力，提高构建社会主义和谐劳动关系的能力，提高工会女职工组织理论创新、体制创新和工作创新的能力，更好地完成新时代赋予的光荣使命。

（1）工会女职工工作者素质的主要内容。

一是较高的政治思想素质。始终坚持坚定正确的政治立场，保持清醒的政治头脑，不断增强政治敏锐性和政治鉴别力，善于从政治上、大局上认识和把握问题，在思想上、政治上、行动上与以习近平同志为核心的党中央保持高度一致；以习近平新时代中国特色社会主义思想为指导，用马克思主义的立场、观点和方法分析解决问题；积极践行社会主义核心价值观，树立正确的世界观、人生观、价值观，淡泊名利，甘于奉献，热爱工会女职工工作；始终把工会女职工工作放到党和国家工作大局、工会工作全局中去思考和定位，自觉提高驾驭工会女职工工作全局和处理复杂局面的本领。

二是较好的业务素质。认真学习国家有关法律法规和大政方针，及时跟进新的政策动向，找准与工会女职工工作的结合点；认真学习工运理论、工运历史和工会发展史，准确把握工运事业基本规律；认真学习《工会法》、《劳动法》、《劳动合同法》、《妇女权益保障法》、《女职工劳动保护特别规定》等相关法律法规，通晓劳动就业、工资分配、社会保障、劳动安全等有关规定；熟悉妇女运动理论，了解心理、生理、教育、伦理等与女职工联系紧密的各方面业务知识；主动优化知识和能力结构，注重培养和锻炼观察事物及综合分析问题的能力、调查研究和解决实际问题的能力、组织管理和协调的能力、宣传号召的能力以及相应的沟通疏导和社会交往的能力。

三是较强的责任意识。党的二十大报告中提出“深化工会、共青团、妇联等群团组织改革和建设，有效发挥桥梁纽带作用”。工会女职工工作者必须牢固树立群众观点，坚持群众路线，增强群众意识，站稳群众立场，始终把竭诚服务职工群众特别是为女职工服务作为工作的出发点和落脚点；必须具有强烈的事业心和责任感，尊重、理解女职工，信任、关怀女职工，满腔热情地为她们办好事、办实事；遇到歧视和侵犯女职工权益现象时，能够挺身而出，坚持原则，据理力争，依法维护女职工合法权益和特殊利益。

四是求真务实的工作作风。密切联系职工群众，保持良好的工作作风，是党对工会组织的一贯要求。新时代工会女职工工作者，必须坚定理想信念，坚定为民立场，切实转变工作作风，深入基层实际、深入职工群众，大兴调查研究之风，掌握第一手材料，认真研究问题，真抓实干，为女职工办实事、解难题。

五是较好的心理素质。心理素质包括个人涵养和理智水平等方面，较好的心理素质，表现在具有现实中处理各类问题时的稳定情绪、镇定态度，以及工作和生活中的良好行为习惯。

（2）提高工会女职工工作者素质的主要途径。

一是政治历练。引导工会女职工工作者在党性教育中知敬畏、存戒惧、守底线，遵守党内政治生活原则，自觉做共产主义远大理想和中国特色社会主义共同理想的坚定信仰者、忠实实践者，始终忠诚党的事业、竭诚服务职工，增强做好职工群众工作本领。引导工会女职工工作者不断提高政治判断力、政治领悟力、政治执行力，通过全面系统学习理论知识，增强思想理论修养，做到在大是大非面前态度鲜明、立场坚定。引导工会女职工工作者担当作为，自觉在容易诱发政治问题特别是重大突发事件的敏感因素、苗头性倾向性问题的分析处理中练就政治慧眼。

二是教育培训。对工会女职工工作者的培训按形式可分为逐级培训和委托代培。逐级培训，即由全国总工会女职工委员会负责培训省级工会女职工工作者；省（区、市）总工会女职工委员会负责培训地（市）、县（区）工会女职工工作者；地（市）、县（区）工会女职工委员会负责培训乡镇（街道）、村（社区）、工业园区及基层工会女职工工作者。委托代培，即对女职工工作中专业性较强岗位的干部，委托各级党校、专业院校等，通过一定时间的正规学习，或通过举办专修班、进修班等，培养女职工工作中某一方面的专门人才。按内容可分为专业知识培训和岗位培训。专业知识培训，即在对工会女职工工作者开展普及性理论知识培训的基础上，针对女职工工作中具体业务的薄弱环节进行培训。岗位培训，是按照岗位职务要求对工会女职工工作者进行定向培训和综合性培训。

三是实践锻炼。在工作实践中学习提高，是工会女职工工作者提高自身素质的重要途径。各级工会女职工组织应积极提倡和支持广大工会女职工工作者结合工作实际需要，利用业余时间通过参加各类成人业余教育，在职学习与女职工工作有关的法律及管理等方面的相关知识，提高业务能力和知识水平。还可通过选送优秀工会女职工工作者到上级工会工作、到基层挂职锻炼等方式，提高其整体素质和工作能力。2021 年，全国工会系统集中开展机关干部赴基层蹲点活动，是全国总工会党组抓班子、带队伍，推动工会领导机关转变工作作风，提高工会干部调查研究能力、群众工作能力、解决问题能力，更好地培养锻炼干部打出的组合拳，为工会女职工工作干部加强政治历练和实践锻炼提供了新的途径。

2. 加强对工会女职工工作者的管理。

加强对工会女职工工作者的管理主要包括三个方面：一是加强干部配备，二是严格干部考核，三是强化干部监督。在干部的配备上，坚持德才兼备、以德为先的原则，“信念坚定、为民服务、勤政务实、敢于担当、清正廉洁”的好干部标准，选拔热爱女职工工作、有较高理论政策水平和领导能力、具有开拓创新精神的女干部到女职工工作岗位工作。在专职工会女职工工作者的考核上，结合年度考评制度，逐步摸索有效的女职工工作考核评价体系，并对思想好、作风正、业绩突出的工会女职工工作者予以激励。在加强干部监督上，认真贯彻落实全面从严治党总体要求，坚持严管与厚爱相结合、激励与约束并重，不断完善党内监督和群众监督，激发女职工工作者的工作积极性。

3. 重视对工会女职工工作者的培养。

对工会女职工工作者的培养主要包括：在干部的培养、使用、晋升、学习、交流等环节上，做到对工会女职工工作者一视同仁，并争取优先考虑。加大教育培养和选拔交流的力度，积极探索推荐和培养工会女职工工作者的有效方式和途径，推动形成有利于工会女职工工作者的成长机制。在政治上要严格要求，把好思想品质关；在工作上要大胆放手，创造宽松环境；在生活上要关心爱护，协调推动有关方面落实好工会女职工工作者的待遇。

第三节　工会组织与妇联组织的工作关系

工会与妇联同是党领导的群团组织。工会与妇联在各自的工作中都包含女职工领域的工作，但在工作的侧重点与工作方式上不尽相同。

一、工会组织与妇联组织的分工

中国工会是中国共产党领导的职工自愿结合的工人阶级群众组织，是党联系职工群众的桥梁和纽带，是国家政权的重要社会支柱，是会员和职工利益的代表。工人阶级是我国的领导阶级，是先进生产力和生产关系的代表，是中国共产党最坚实最可靠的阶级基础，是改革开放和社会主义现代化建设的主力军，是维护社会安定的强大而集中的社会力量。女职工是工人阶级的重要组成部分，工会女职工组织的基本职责就是代表和维护女职工的合法权益和特殊利益、做好关爱服务女职工工作。工会女职工委员会是广大女职工的代表者和维护者。

妇女联合会是各族各界妇女为争取进一步解放与发展而联合起来的群团组织，是党和政府联系妇女群众的桥梁和纽带，是国家政权的重要社会支柱，实行全国组织、地方组织、基层组织和团体会员相结合的组织制度，妇女联合会的地方和基层组织接受同级党组织和上级妇女联合会双重领导。妇女联合会在新时代担负着团结引导各族各界妇女听党话、跟党走的政治责任，以围绕中心、服务大局为工作主线，以联系和服务妇女为根本任务，以代表和维护妇女权益、促进男女平等和妇女全面发展为基本职能。女职工是妇女群众中的一支先进骨干力量，根据《中共中央办公厅关于企业女职工工作问题的复函》精神和《中国工会章程》、《工会女职工委员会工作条例》相关规定，工会在开展女职工工作中与妇联的分工主要原则有：一是企业女职工工作以工会为主，妇联配合，妇联不在企业建立组织。二是基层工会女职工委员会通过县级以上地方工会接受妇联的业务指导，妇联不直接向基层工会女职工委员会布置工作，依托工会女职工委员会实现对妇女群众的覆盖。

二、工会组织与妇联组织的沟通与合作

工人运动与妇女运动一直是紧密结合在一起的。女职工工作既是工会工作的一部分，也是妇女工作的一部分。工会和妇联应在同级党委的领导下，密切联系、团结协作，互相学习、互相尊重，形成合力，共同做好女职工工作。

《中国工会章程》第十四条规定，企业工会女职工委员会是县或者县以上妇联的团体会员，通过县以上地方工会接受妇联的业务指导。《工会女职工委员会工作条例》第十七条规定，工会女职工委员会是县以上妇联的团体会员，通过县以上地方工会接受妇联的业务指导。工会女职工委员会作为妇联的团体会员，在开展女职工工作中应注意把握以下几点：一是工会女职工委员会要主动争取妇联的支持与指导，充分发挥妇联团体会员的作用。二是基层工会女职工委员会在接受工会领导的同时，通过县级以上地方工会接受妇联的业务指导。三是县级以上工会和妇联的领导干部实行双向兼职，加强工作联系，相互参与工作意见，使双方在女职工工作中的配合与协作具有可靠的组织保证。四是县级以上工会和妇联建立工作联系制度，通

过相互参加有关会议，互通情况、密切协商，相互支持。

进入新时代，党的群团工作面临新形势新任务，对女职工工作提出新要求。为共同推进女职工工作创新发展，全国总工会和全国妇联进一步加强联系与合作，2021 年，全国总工会和全国妇联领导同志互访，围绕贯彻落实习近平总书记重要指示，进一步做好群团工作、深化群团改革，共同推进工运事业和妇女事业发展等，交流工作经验，分析机遇和挑战，就加强双方在女职工工作方面的配合协作达成共识。2022 年，全国总工会和全国妇联建立了日常工作沟通机制和季度总结交流机制，并围绕加强宣传报道、开展先进典型进校园宣讲活动、举办大国工匠论坛——巾帼工匠分论坛、开展女职工职业技能培训、开展女职工权益保护普法宣传、推进托育服务工作、促进女职工健康、开展单身职工婚恋服务、推进家庭文明建设工作以及参与“国家网络安全宣传周”主题活动十个方面开展合作。下一步，双方将在整合资源、合力推进女职工工作方面继续探索。

思考题：

1. 工会女职工组织的基本职责是什么？如何履行好工会女职工组织的基本职责？

2. 我国法律法规和政策文件对建立工会女职工组织有哪些规定？

3. 工会女职工委员会与工会委员会组建的“三同时”的主要内容是什么？

4. 加强工会女职工组织规范化建设的重要性、基本原则、主要内容和标准是什么？

5. 联系实际，谈谈应采取哪些措施加强对工会女职工工作者的培训。

第三章　组织动员女职工提升素质建功立业

习近平总书记在党的二十大报告中指出，教育、科技、人才是全面建设社会主义现代化国家的基础性、战略性支撑。要坚持教育优先发展、科技自立自强、人才引领驱动，加快建设教育强国、科技强国、人才强国，坚持为党育人、为国育才，全面提高人才自主培养质量，着力造就拔尖创新人才，聚天下英才而用之。包括女职工在内的工人阶级是我国的领导阶级，是先进生产力和生产关系的代表，是坚持和发展中国特色社会主义的主力军，在新征程上肩负着重要的历史使命和光荣的责任。不断提高女职工的综合素质，组织动员广大女职工在全面建设社会主义现代化国家、全面推进中华民族伟大复兴新征程中建功立业，是新时代工会女职工工作的一项重要任务，是维护女职工发展权的重要内容，也是广大女职工的所需、所盼、所求。

第一节　提高女职工素质的必要性

女职工是社会主义现代化建设的重要力量，各级工会女职工组织需要从巩固党的执政基础的战略高度出发，围绕深入推进产业工人队伍建设改革，把提高女职工队伍整体素质抓紧抓好，为女职工成才创造良好条件，全面落实《中国妇女发展纲要（2021—2030年）》中“素质能力持续提升”的既定目标，以中国式现代化全面推进中华民族伟大复兴贡献巾帼力量。

一、组织女职工奋进新征程、助力经济社会高质量发展的必然要求

中华全国总工会女职工委员会为适应形势发展需要，建设一支高素质的女职工队伍，2004 年 9 月，下发了《关于实施“女职工素质提升工程”的指导意见》。2015 年 10 月，下发了《关于新形势下深入实施女职工提升素质建功立业工程的意见》，明确提出要着力培养知识型、技术型、创新型女职工队伍。

2015 年 9 月，习近平总书记在全球妇女峰会上强调，推动妇女和经济社会同步发展，积极保障妇女权益，努力构建和谐包容的社会文化创造有利于妇女发展的国际环境。贯彻新发展理念，构建新发展格局，推动高质量发展，必须紧紧依靠工人阶级和广大劳动群众。提高女职工队伍整体素质，特别是技术技能水平，有利于进一步调动广大女职工参与经济社会建设的积极性、主动性和创造性，最大限度地激发广大女职工创新创造的潜能和活力，为全面建设社会主义现代化国家、全面推进中华民族伟大复兴提供强大人力支撑；有利于进一步弘扬劳模精神、劳动精神、工匠精神，推动形成尊重劳动、尊重知识、尊重人才、尊重创造的良好社会氛围，激励更多女职工走技能成才、技能报国之路，培养更多女性大师、战略科学家、一流科技领军人才和创新团队、青年科技人才、卓越工程师、大国工匠、高技能人才；有利于进一步促进高素质女性人才的培养，造就一支适应时代发展要求、具有开拓创新能力的知识型、技能型、创新型女职工队伍；有利于带动广大女职工主动融入科技革命和产业变革，以主人翁姿态建功新时代、奋进新征程。

二、落实《新时期产业工人队伍建设改革方案》的重要措施

2017年2月6日，习近平总书记主持召开中央全面深化改革领导小组第三十二次会议，审议通过《新时期产业工人队伍建设改革方案》（以下简称《改革方案》）。4月14日，中共中央、国务院印发《改革方案》。《改革方案》明确了产业工人队伍建设改革的指导思想、基本原则、目标任务、改革举措等，强调产业工人是工人阶级中发挥支撑作用的主体力量，是创造社会财富的中坚力量，是创新驱动发展的骨干力量，是实施制造强国战略的有生力量。要按照政治上保证、制度上落实、素质上提高、权益上维护的总体思路，改革不适应产业工人队伍建设要求的体制机制，充分调动广大产业工人的积极性、主动性、创造性，为实现“两个一百年”奋斗目标、实现中华民族伟大复兴的中国梦更好地发挥产业工人队伍的主力军作用。女性产业工人是产业工人队伍的重要组成部分，提高女职工素质是落实新时期产业工人队伍建设改革方案的重要举措。

三、促进女职工全面发展、实现自身价值的重要途径

2020年全国总工会印发《全国职工素质建设工程五年规划（2021—2025年）》，明确提出到2025年，习近平新时代中国特色社会主义思想更加深入人心，广大职工践行社会主义核心价值观的自觉性不断加强，终身学习支撑保障更加有力，技能培训体系更加健全，教育培训效果更加显著，思想道德、科学文化、技术技能、民主法治、健康安全、社会文明素质明显提高，造就一支有理想守信念、懂技术会创新、敢担当讲奉献的宏大产业工人队伍等目标任务。进入新时代，广大女职工渴求知识、谋求发展、实现人生价值的愿望越来越强烈，提升自身

素质的意识和热情日趋高涨。女职工只有充分认识学习的重要性和紧迫性，牢固树立终身学习理念，在本职岗位上充分发挥劳动技能和创造智慧，才能在竞争中赢得主动权，在为国家经济社会发展作出贡献的同时，进一步实现自身价值。

第二节　提高女职工素质的基本内容

女职工素质是指女职工在思想、文化、技能、心理和生理等方面的整体素质，是品质、气质、能力、水平等诸多要素的总和，是决定女职工自身发展的重要条件。《全国职工素质建设工程五年规划（2021—2025年）》在提出战略目标的同时，也提出了提升职工素质的基本任务，即加强思想道德素质建设，增强"四个意识"、坚定"四个自信"、做到"两个维护"；加强科学文化素质建设，提升职工队伍知识化水平；加强技术技能素质建设，促进优秀技术工人脱颖而出；加强民主法治素质建设，提高职工守法自觉和维权能力；加强健康安全素质建设，促进安全生产和体面劳动；加强社会文明素质建设，培育健康文明、昂扬向上、全员参与的职工文化。提升女职工素质是提升全国职工素质建设任务中必不可少的组成部分，具体内容包括提高思想道德素质、科学文化素质、技术技能素质、民主法治素质，以及提高心理、生理和体能素质等各方面。

一、提高思想道德素质

对女职工思想道德教育的内容，应根据党和工会在不同时期的任务和女职工的思想状况来确定。工会女职工组织要把开展女职工思想教育工作作为党的思想政治引领工作的重要组成部分，把党的路线方针政策渗透和贯穿其中。要以习近平新时代中国特色社会主义思想为指导，深入学习贯彻习近平总书记关于工人阶级和工会工作、关于妇女工作的重要论述，深刻领悟“两个确立”的决定性意义，不断增强“四个意识”、坚定“四个自信”、做到“两个维护”，始终保持工会女职工工作正确政治方向。要落实《新时代公民道德建设实施纲要》、《新时代爱国主义教育实施纲要》，落实加强和改进新时代产业工人队伍思想政治工作要求，切实把思想政治引领工作贯穿到女职工工作全过程，采取女职工喜闻乐见的方式讲好党的创新理论，团结带领广大女职工不断增强对习近平新时代中国特色社会主义思想的政治认同、思想认同、理论认同、情感认同，坚定不移听党话、感党恩、跟党走。进一步教育引导女职工始终坚定共产主义远大理想和中国特色社会主义共同理想，不断增强道路自信、理论自信、制度自信、文化自信。坚持以社会主义核心价值观为引领，动员女职工广泛参与以职业道德建设为重点的“四德”建设，加强家庭、家教、家风建设。大力选树女职工先进典型，开展以劳动创造幸福为主题的宣传教育，组织开展新时代巾帼劳模工匠宣讲活动，大力弘扬劳模精神、劳动精神、工匠精神。

二、提高科学文化素质

在新的形势下，知识经济的发展将进一步推动就业结构的变革，传统的劳动力逐渐过剩，高新技术人才短缺。女职工只有不断提高文化素质，才能适应科学技术发展的需要，适应社会经济发展的需要。各级工会女职工组织要认真落实《关于加强新时代高技能人才队伍建设的意见》，适应现代科学技术发展和建设学习型社会、创新型国家等对女职工科学文化素质的要求，贯彻实施全民科学素质行动，加强女职工数字赋能工作。要结合实际，采取措施，推进女职工队伍的科学素质提升进程，帮助女职工学习和掌握先进的科学技术，促进女职工提升学历层次和数字化能力等科学文化素养，跟上科技进步的节奏，引导女职工养成善于学习、勤于思考的习惯，帮助女职工实现学以养德、学以增智、学以致用。

三、提高技术技能素质

促进广大女职工技术技能素质提升，需要贯彻尊重劳动、尊重知识、尊重人才、尊重创造的方针，推动落实《关于推行终身职业技能培训制度的意见》、《关于提高技术工人待遇的意见》、《关于加强新时代高技能人才队伍建设的意见》等，激励更多女职工走技能成才、技能报国之路。要切实帮助广大女职工提高技术技能素质，需要按照科学规律、市场经济规律和现代企业发展的要求，以新时期工人阶级的杰出代表为榜样，立足本职，爱岗敬业，勤奋学习，刻苦钻研岗位业务技能，不断增加知识储备，丰富技能，实现岗位成才，成为适应时代发展的技能型女职工。具体措施可以包括以下方面：一是通过岗位练兵、技术比武激发和调动女职工学技术、练本领的积极性，促进女职工熟练掌握本职岗位的基本技术和基本技能。二是通过开展多种形式的群众性经济技术创新活动，交流、推广先进技术和先进操作法，激发和调动广大女职工学技术、学技能、学本领的主动性。三是通过开展合理化建议的发起、征集工作，组织动员广大女职工广泛参与，挖掘女职工的潜能。

同时要更加注重提升女职工数字化能力。加强女职工数字技能教育和培训，探索开展女职工数字技能竞赛，组织女职工数字技能岗位专场招聘会，打造女职工数字技能创新工作室，推动形成一批女职工数字技能成果，促进弥合数字性别鸿沟，精准助力不同女职工群体提升数字化意识、媒介素养和网上工作能力，助力广大女职工在应对数字化转型的新挑战中实现全面发展。

四、提高民主法治素质

加强女职工队伍民主法治素质建设，主要是提高女职工法治意识和法治素养，提高女职工民主管理的意识和能力。在具体工作中，需要以“八五”普法为抓手，通过加大普法宣传力度，完善普法宣传教育机制，通过多种方式，提高女职工权益保护法律法规知识知晓率，引导广大女职工尊法学法守法用法，自觉学习宪法和法律知识，增强法治观念，养成办事依法、遇事找法、解决问题用法、化解矛盾靠法的法治思维和行为习惯。加强职工代表大会、厂务公开、集体合同等民主管理和集体协商知识的普及与培训，增强女职工民主参与、民主管理和民主监督意识。

五、提高心理、生理和体能素质

良好的心理、生理和体能对于激发女职工参与建设的积极性和创造性至关重要。各级工会女职工组织要引导女职工树立科学的健康理念，学习健康知识，掌握身心健康、预防疾病、科学就医、合理用药等知识技能。帮助广大女职工面对企业改制、就业、生活等压力，及时调整心态，正确对待和处理各种利益关系变化所带来的冲击，自觉维护改革发展稳定的大局；在工作、学习和生活中，建立良好的人际关系，妥善处理事业与家庭的矛盾，增强符合社会发展和岗位变化的适应能力和承受能力；增强心理调适能力，缓解职场心理压力，以积极健康的心态面对工作和生活。各级工会女职工组织还要针对女职工的心理和生理状况，开展女性健康知识教育和心理咨询等活动，帮助她们提高关爱生命与注重健康的理念，提高保健意识和健康水平，使她们以更加健壮的体魄和饱满的激情投入社会主义现代化建设的伟大实践中。

第三节　提高女职工素质的方法途径

在长期实践中，各级工会女职工组织结合实际，不断摸索，持续创新，总结出自我达标、建立和选树周末（业余）学校、工会女职工培训示范学校等提高女职工素质工作的经验和做法，并不断创新完善，显现出很大的吸引力和旺盛的生命力。为落实《全国职工素质建设工程五年规划（2021—2025年）》所提出的目标任务，满足经济社会发展和女职工自身对提升素质的要求，各级工会女职工组织要充分利用“学习强会”、“技能强国-全国产业工人学习社区”等工会新媒体平台，进一步发挥工匠学院、线下培训基地等机构的作用，丰富培训形式和内容，加强女职工数字技能培训、业务技能培训、科学文化普及，为女职工成长成才提供全方位助力。

一、强化素质提升阵地建设

各级工会女职工组织适应市场经济的要求和女职工的实际，从工会女职工组织的特点和优势出发，针对不同行业、不同类型以及不同层面女职工的实际，充分利用工会女职工培训示范学校、女职工周末学校、女农民工夜校等，通过素质达标活动、召开现场经验交流会等形式，组织丰富多彩的素质教育和活动；以女职工喜闻乐见的形式，吸引女职工广泛参与业务技能培训，尤其是面向日趋增多的女农民工、新就业形态女性劳动者，大力开展各种职业技能培训；普及科学文化，创新方式引导女职工学习新知识、掌握新技能、增强新本领；帮助女职工通过专业技术考核取得相应的资格证书，晋升技术等级和职称，使学习成果得到认可并学有所用等。

二、开展主题教育培训

以职工大讲堂、演讲比赛、主题报告会、座谈会等多种形式，在广大女职工中开展形式多样、生动活泼的教育实践活动，引导女职工把实现个人理想、立足岗位建功立业与实现中国梦紧密结合起来，以“劳动美”成就“中国梦”。将培育社会主义核心价值观融入女职工教育培训工作的全过程，渗透到女职工日常工作、学习和生活各方面，成为职工文化建设的核心内容。深入挖掘各种重要节庆日、纪念日蕴藏的丰富教育资源，组织广大女职工积极参与“五一”国际劳动节、国庆节、抗日战争胜利纪念日、南京大屠杀死难者国家公祭日等纪念活动，加强社会公德、职业道德、家庭美德、个人品德教育。组织道德论坛、道德讲堂、道德修身等活动，采取各种形式送教上门，在女职工中进行以中华民族传统美德为核心的社会文明教育。把提升女农民工文明素养和职业素养放在更加突出的位置，广泛开展培养新工人、新市民活动，对女农民工进行市民意识、法律维权、职业素养、励志成才、城市生活常识、文明礼仪等方面的教育和培训。

三、开展“玫瑰书香”主题阅读等读书自学活动

近年来，习近平总书记在多个场合都强调读书的重要性，指出要提倡多读书，建设书香社会，不断提升人民思想境界、增强人民精神力量。全国总工会女职工委员会办公室从 2021 年起在全国范围内开展“玫瑰书香”全国女职工主题阅读活动，打造独具特色的女职工阅读品牌，组织开展了一系列主题鲜明、内容丰富、形式多样的线上线下女职工读书征文、沙龙、微课、诵读、分享交流、成果展示等阅读推广活动，引导女职工多读书、真读书、爱读书，积极营造阅读无处不在、阅读无时不有

的良好氛围。要坚持读书自学活动与实施女职工提升素质建功立业工程相结合，与女职工本职工作相结合，与女职工自身需要相结合，着力提升女职工的学习能力，鼓励大家学以致用，学习成才。要在女职工中营造全员学习、终身学习、团队学习和工作学习化、学习工作化的氛围，使越来越多的学习型、知识型、创新型女职工成长起来。

第四节 组织动员女职工在全面建设社会主义现代化国家新征程中建功立业

党的二十大报告指出，从现在起，中国共产党的中心任务就是团结带领全国各族人民全面建成社会主义现代化强国、实现第二个百年奋斗目标，以中国式现代化全面推进中华民族伟大复兴。围绕这一目标的实现，落实《关于加强新时代高技能人才队伍建设的意见》和《关于实施科技创新巾帼行动的意见》，把广大女职工动员和组织起来，积极投身全面建成社会主义现代化强国的伟大事业，以高度的主人翁责任感，在以中国式现代化全面推进中华民族伟大复兴中充分发挥主力军作用，是工会女职工组织的一项重要任务。

一、深入实施女职工提升素质建功立业工程

2015 年 10 月，中华全国总工会女职工委员会下发《关于新形势下深入实施女职工提升素质建功立业工程的意见》，明确了新形势下深入实施女职工提升素质建功立业工程的指导思想、目标任务、活动内容以及工作要求。2022 年，中华全国总工会印发《关于加强新时代工会女职工工作的意见》，进一步强调深化提升素质建功立业工程，贯彻落实产业工人队伍建设改革各项部署，落实科技创新巾帼行动，加强女职工数字技能培训，

培育女职工创新工作室，助力女职工成长成才；引导女职工积极参与“建功‘十四五’、奋进新征程”主题劳动和技能竞赛，广泛深入持久开展具有女职工特色的区域性、行业性劳动和技能竞赛，推动竞赛向新产业新业态新组织拓展；开展女职工先进集体和个人表彰或表扬，规范完善“五一巾帼奖”评选管理工作；在全国五一劳动奖章等评选表彰中重视并保障女职工比例。

二、积极开展劳动和技能竞赛

认真贯彻落实《关于加强新时代高技能人才队伍建设的意见》、《中华全国总工会劳动和技能竞赛规划（2021—2025年）》和《中华全国总工会关于加强新时代工会女职工工作的意见》，着眼于提高竞赛工作质量、发挥竞赛积极作用，深化具有女职工特色的职业技能竞赛。围绕“十四五”时期国家重大战略、重大工程、重大项目、重点产业，引导女职工积极参与“建功‘十四五’、奋进新征程”主题劳动和技能竞赛，广泛深入持久开展具有女职工特色的区域性、行业性劳动和技能竞赛，探索建立适应不同行业、不同规模企业、不同群体女职工特点和职业发展需求的劳动和技能竞赛机制，推动竞赛范围向新产业新业态新组织延伸，竞赛形式向线上线下双向竞赛演变，扩大参与覆盖面，增强竞赛的实用性及实效性。坚持女职工自愿参与，坚持面向基层、面向一线、面向普通劳动者，把竞赛活动打造成为女职工成长成才的平台。牢固树立系统观念，抓大促小、示范带动、整体推进，不断扩大覆盖面、提高参与度。

三、激发女职工创新创造活力

2022年4月27日，首届大国工匠创新交流大会开幕，习近平总书记专门向大会致贺信。深入学习宣传贯彻习近平总书记贺信精神，把提高女职工创新能力作为助力女职工成长和企业发展的重要基础，广泛开展常态化、实战化的女职工岗位练兵、技能培训、师徒帮教等活动，发挥工会院校、职工学校、技能实训基地作用，激发女职工学习热情。推进女职工创新班组、创新团队建设，因地制宜地培育、选树女职工创新工作室。总结推广女职工优秀技术创新成果，组织女职工积极参与大国工匠创新交流大会、全国职工优秀技术创新成果交流活动以及“五小”等群众性经济技术创新活动，促进女职工优秀技术创新成果的应用和转化，为女职工搭建施展创新才能的平台。

四、大力宣传弘扬劳模精神、劳动精神、工匠精神

党的十八大以来，习近平总书记多次礼赞劳动创造，讴歌劳模精神、劳动精神、工匠精神。2020 年 11 月 24 日，在全国劳动模范和先进工作者表彰大会上，习近平总书记对劳模精神、劳动精神、工匠精神作出全面系统深刻阐述，强调劳模精神、劳动精神、工匠精神是以爱国主义为核心的民族精神和以改革创新为核心的时代精神的生动体现。为贯彻落实习近平总书记关于工人阶级和工会工作、关于妇女工作的重要论述，积极推动劳模精神、劳动精神、工匠精神融入新时代劳动教育全过程，全国总工会女职工委员会自 2022 年起开展新时代巾帼劳模工匠宣讲活动。在各级工会女职工组织的积极响应和精心组织下，巾帼劳模工匠走进产业工人，走进新业态劳动者，走进青年学生群体，讲好劳模故事、讲好劳动故事、讲好工匠故事，积极营造劳动光荣、技能宝贵、创造伟大的时代风尚，引导广大女职工树立辛勤劳动、诚实劳动、创造性劳动的理念，团结带领广大女职工积极投身全面建设社会主义现代化国家的火热实践，在伟大奋斗中赢得出彩人生。

2022 年 9 月，全国总工会在湖南省长沙市主办了首届大国

工匠巾帼论坛，作为首届大国工匠论坛的重要组成部分，巾帼论坛以“匠心同逐梦 巾帼绽芳华”为主题，与会领导、代表和有关专家学者、知名企业家及工会组织负责人等围绕为巾帼劳模工匠成长营造更好的社会环境、企业环境、家庭环境，培养更多高技能人才和巾帼劳模工匠等议题展开深度交流。论坛上展示了巾帼劳模风采专题视频片《她们的征途》，并发布了《巾帼劳模时代特征和成长规律研究报告》。全国总工会女职工部将在《巾帼劳模时代特征和成长规律研究报告》的基础上，对各个历史时期中国女劳模精神进行深度挖掘，同时指导各省（区、市）、部分全国产业工会对本地域（产业）的女劳模工匠精神进行深入研究。

第五节　全国五一巾帼奖评选表彰工作

对先进女职工集体和个人进行表彰，是弘扬先进精神，运用榜样力量，宣传、发动、组织动员广大女职工积极投身社会主义现代化建设的一项群众工作。评选表彰先进的过程，也是大力弘扬劳模精神、劳动精神、工匠精神，以先进女职工的思想激励、引领广大女职工创先争优的过程。对先进女职工集体和个人进行表彰，有利于营造学先进、赶先进、超先进的浓厚氛围。

一、出台《全国五一巾帼标兵岗、全国五一巾帼标兵评选表彰管理暂行办法》

全国五一巾帼标兵岗、全国五一巾帼标兵是中华全国总工会设立的授予先进女职工集体和个人的荣誉，是全国总工会经中央批准予以保留的 8 个表彰项目之一。1990 年至 2023 年，共表彰全国先进女职工集体 9903 个、全国先进女职工 16777 人，充分展示了女职工爱岗敬业、创新创造、精益求精的巾帼风采。

全国先进女职工集体和个人评选表彰极大激励和鼓舞广大女职工立足岗位、拼搏奉献，深受基层工会和广大女职工欢迎，已成为工会组织的一项重要品牌工作。

为进一步规范全国五一巾帼标兵岗、全国五一巾帼标兵评选表彰管理工作，充分发挥先进典型的示范引领作用，2022 年 11 月，全国总工会根据《工会法》、《中国工会章程》和《工会女职工委员会工作条例》，按照《国家功勋荣誉表彰条例》、《评比达标表彰活动管理办法》等有关要求，制定《全国五一巾帼标兵岗、全国五一巾帼标兵评选表彰管理暂行办法》。

《全国五一巾帼标兵岗、全国五一巾帼标兵评选表彰管理暂行办法》（以下简称《办法》）共五章二十七条。第一章，总则。提出了出台《办法》的目的和依据，明确了《办法》的适用范围以及指导思想、工作原则。第二章，荣誉授予。明确评选范围、评选条件和推荐工作要求，提出推荐评选要本着公开、公平、公正的原则，面向基层、面向一线、面向普通劳动者，向高技能人才倾斜。第三章，评选表彰。明确每两年一次的评选周期，严格规定了“两审三公示”的评选表彰程序，即实行初审和复审两次审查及所在单位、省级和全国三级公示。明确规定获得全国五一巾帼标兵岗、全国五一巾帼标兵的集体和个人，由全国总工会印发表彰决定，颁发奖牌（奖章）、证书。第四章，管理服务。主要明确了管理服务实施主体及相应任务，明确了获奖者应享受的待遇，规定了撤销称号的相关情形及工作机制。第五章，附则。明确各省级工会制定评选表彰具体实施办法后应报全国总工会备案，并明确生效时间、解释权等。

二、开展全国五一巾帼标兵岗、全国五一巾帼标兵表彰复查工作

《国家功勋荣誉表彰条例》明确规定，功勋荣誉表彰奖励

获得者有严重违纪违法行为、影响恶劣的，或者隐瞒情况、弄虚作假骗取功勋荣誉表彰的，应当按规定程序撤销其所获功勋荣誉表彰奖励。为加强全国五一巾帼奖动态监督管理，切实发挥先进女职工集体和个人榜样引领作用，做实叫响全国五一巾帼奖品牌，《办法》规定各省（区、市）总工会、各全国产业工会、中央和国家机关工会联合会每两年开展一次复查，掌握全国五一巾帼标兵岗、全国五一巾帼标兵的颁发、撤销等情况，建立表彰工作档案，实施动态管理。全国总工会女职工委员会办公室进行不定期抽查。复查工作以《办法》为依据，由各省（区、市）总工会、各全国产业工会、中央和国家机关工会联合会具体负责实施。撤销全国五一巾帼标兵岗、全国五一巾帼标兵称号，依照推荐评选审批程序，经其原推荐渠道逐级上报，所在省（区、市）总工会、全国产业工会、中央和国家机关工会联合会向全国总工会女职工委员会办公室提出书面报告。全国总工会女职工委员会办公室提请领导小组研究，报全国总工会党组审核批准后，撤销称号，收回奖牌（奖章）、证书。全国总工会党组也可直接决定撤销其称号，收回奖牌（奖章）、证书，书面通报其所在省（区、市）总工会、全国产业工会、中央和国家机关工会联合会。

三、建设全国五一巾帼奖表彰信息平台

为加强全国五一巾帼奖动态监督管理，实现评选流程、档案管理的线上化、便捷化，推进评选表彰工作制度化、规范化，提高评选表彰工作效率，做实叫响全国五一巾帼奖工作品牌，全总女职工委员会2022年建设了全国五一巾帼奖评选表彰管理信息系统。这一系统主要帮助全国总工会以及各省（区、市）总工会、各全国产业工会、中央和国家机关工会联合会开展全国五一巾帼奖管理，包括奖项管理、评审工作、全国五一巾帼标兵档

案、全国五一巾帼标兵岗档案、工作提醒、系统管理等功能。

系统首页主要用于业务的快捷操作和查看，可以查看通知公告和重要文献，支持对待办事项以消息形式进行提醒，便于业务人员的快捷处理。奖项管理功能是奖项评审工作的前提，由奖项信息和申报项目两部分组成，申报项目主要用于设置项目分组，支持针对每个项目分组设置多个申报奖项的项目，项目分组设置时需设置项目组名称、年度和表彰类型等信息，支持查看、编辑、删除等项目。评审工作功能，由各省（区、市）总工会、各全国产业工会、中央和国家机关工会联合会的工会业务工作人员填报全部信息后统一提交，由全国总工会业务审核人员对申报信息进行评审，支持编辑、查看、打印、保存等。档案管理功能提供全国总工会及省级工会对巾帼标兵、标兵岗档案的查阅、管理、变更、维护、查询统计、导出等业务操作，便于档案信息的变更及时性和准确性。

此外，全国总工会女职工委员会按照相关要求做好全国三八红旗手（集体）、全国城乡妇女岗位建功先进集体（个人）、全国维护妇女儿童权益先进集体（个人）、中国青年女科学家等评选表彰的推荐申报工作。

思考题：

1. 提升女职工素质的必要性和基本内容是什么？

2. 结合工作实际，谈谈提高女职工素质的方法途径。

3. 如何组织动员女职工在全面建设社会主义现代化国家新征程中建功立业？

4. 简述《全国五一巾帼标兵岗、全国五一巾帼标兵评选表彰管理暂行办法》的主要内容。

第四章　依法维护女职工合法权益和特殊利益

党的二十大报告再次强调“坚持男女平等基本国策，保障妇女儿童合法权益”。依法维护女职工的合法权益和特殊利益，切实保障女职工在国家政治、经济和社会生活中的平等地位和各项权益，是党和国家的一贯政策，是全社会的共同责任，是工会女职工组织的基本职责。做好这项工作，对于维护社会稳定，推动男女平等，促进我国女职工进步与发展有着十分重要的意义。

第一节　维护女职工合法权益和特殊利益的主要内容和重要性

一、女职工合法权益包含的主要内容

我国法律明确规定，男女平等是国家的基本国策，妇女在政治的、经济的、文化的、社会的和家庭的生活等各方面享有同男子平等的权利。保障妇女的合法权益是全社会的共同责任。女职工的合法权益是指女职工享受《宪法》及其他法律、法规规定的公民、职工享有的权益，同时还享有国家对妇女规定的权益，包括女职工的政治权利、人身和人格权益、文化教育权益、劳动和社会保障权益、财产权益、婚姻家庭权益。

（一）女职工的政治权利

《妇女权益保障法》第二章对妇女政治权利作了明确规定，明确国家保障妇女享有与男子平等的政治权利，如依法参与管理国家事务、管理经济和文化事业、管理社会事务的权利，平等的选举权和被选举权，国家积极培养和选拔女干部等。

工会女职工组织维护女职工的政治权利，主要体现在代表女职工参政议政，为女职工参政议政创造条件，组织女职工参与国家事务和企业、事业单位的民主管理，坚持在职工代表大会中保证女职工代表占一定比例，并保证她们参与讨论企业生产、生活和企业改革等重大问题，以充分体现女职工的意愿。推动在使用和提拔干部上的男女平等、在女职工较多的行业和部门配备一定数量的女领导干部、培养和选拔女干部等。

（二）女职工的人身和人格权益

女职工的人身和人格权益主要是指女职工依法享有的、与女职工自身不可分离的、没有直接财产内容的一种民事权利，包括生命权、身体权、健康权、人身自由权、姓名权、肖像权、名誉权、荣誉权、隐私权和个人信息等。

工会女职工组织应推动用人单位建立健全预防和制止工作场所性骚扰制度机制，制定禁止性骚扰的规章制度、明确负责机构或者人员、开展预防和制止性骚扰的教育培训活动、采取必要的安全保卫措施、设置投诉电话和信箱等，畅通投诉渠道、建立和完善调查处置程序，及时处置纠纷并保护当事人隐私和个人信息、支持和协助受害女职工依法维权，必要时为受害女职工提供心理疏导等；应加强对女职工经期、孕期、产期、哺乳期和更年期的健康知识普及，推动用人单位定期为女职工安排妇科疾病、乳腺疾病等健康检查，满足女职工在不同生理时期的健康需求；应推动用人单位根据女职工的需要，建立孕妇休息室、哺乳室等设施，妥善解决女职工在生理卫生、哺乳方面的困难；应通过积极参与调查处理侵害女职工人身和人格权益案件，配合、督促有关行政、司法部门严格依法处理对女职工的侵权案件，及时了解女职工的呼声和诉求，帮助当事女职工解决遇到的困难，使女职工的各项人身和人格权益得到切实保障。

（三）女职工的文化教育权益

女职工的文化教育权益主要是指女职工依法享有接受教育的权利和从事科学、技术、文学、艺术和其他文化活动的权利。《宪法》、《妇女权益保障法》、《职业教育法》等法律法规都从不同角度规定了妇女的文化教育权，确立了广大妇女都能享受不同程度文化教育和职业教育的权利。

工会女职工组织维护女职工的文化教育权益，主要体现在推动保障女职工在就业指导和服务等方面享有与男职工平等的权利，积极为女职工提高文化技术素质和职业技能创造条件，为女职工提供更多的学习、培训、学历提升等终身学习的机会，全面提高女职工的整体素质。

（四）女职工的劳动和社会保障权益

女职工的劳动和社会保障权益主要是指女职工依据《劳动法》、《劳动合同法》、《社会保险法》、《妇女权益保障法》等享有的劳动及社会保障的权利和利益。主要包括：平等就业和选择职业的权利，取得劳动报酬的权利，休息休假的权利，获得劳动安全卫生保障的权利，获得平等的职业发展机会的权利，享受社会保险和保障的权利，提请劳动争议处理的权利等。

工会女职工组织要依据《劳动法》等规定，维护女职工的各项劳动和社会保障权益，配合和监督政府有关部门及用人单位做好保障女职工各项权益措施的实施和落实。工会女职工组织应以多种方式促进各级人民政府和有关部门完善就业保障政策措施，防止和纠正就业性别歧视，为妇女创造公平的就业创业环境，为就业困难的妇女提供必要的扶持和援助；应监督用人单位依法与女职工签订劳动（聘用）合同或者服务协议，劳动（聘用）合同或者服务协议中应当具备女职工特殊保护条款，并不得规定限制女职工结婚、生育等内容，在集体合同中纳入男女平等和女职工权益保护相关内容、订立女职工权益保护专项集体合同或设置专章、附件；应推动用人单位实行男女同工同酬，促进女职工在享受福利待遇、晋职、晋级、评聘专业技术职称和职务、培训等方面享有与男职工平等的权利；推动用人单位根据女职工特点，依法保护女职工在工作和劳动时的安全、健康以及休息的权利等。

（五）女职工的财产权益

女职工的财产权益主要是指女职工以财产利益为内容、直接体现某种经济利益的权益，包括物权和债权等。《妇女权益保障法》规定，国家保障妇女享有同男子平等的财产权利，在夫妻共同财产、家庭共有财产关系中，不得侵害妇女依法享有的权益。

工会女职工组织要通过多种形式，帮助女职工学习和掌握相关法律知识、增强法律意识和自我保护意识，运用法律武器维护自身的财产权益。

（六）女职工的婚姻家庭权益

女职工的婚姻家庭权益主要是指女职工在婚姻、家庭中享有的法律所规定的权利。《民法典》、《妇女权益保障法》、《反家庭暴力法》等法律中都规定了妇女在婚姻家庭方面的权益。

工会女职工组织要通过多种形式，帮助女职工学习和掌握相关法律知识、增强法律意识和自我保护意识，运用法律武器维护自己在婚姻家庭生活中的合法权益不受侵害，倡导男女共担家庭责任，同时开展家庭文明建设活动，发挥女职工在家庭文明建设中的重要作用。

二、女职工特殊利益包含的主要内容

女职工特殊利益是指女职工除享受国家规定的公民、职工、妇女应享有的合法权益外，还享受国家针对女职工生理特点、体力状况、“四期”（经期、孕期、产期、哺乳期）的特殊情况等，对女职工在劳动过程中给予的特殊保护。

女职工“四期”保护是对女性生理机能变化过程即经期、孕期、产期、哺乳期的劳动保护。《妇女权益保障法》、《劳动法》、《劳动合同法》、《女职工劳动保护特别规定》等对女职工“四期”保护作出规定，主要包括用人单位不得因女职工怀孕、产假、哺乳降低其工资和福利待遇，限制女职工晋职、晋级、评聘专业技术职称和职务，辞退女职工，单方解除劳动（聘用）合同或者服务协议；不得安排经期、孕期、哺乳期女职工从事禁忌劳动范围的劳动；对孕期、哺乳期延长劳动时间和夜班劳动的限制；产假和哺乳时间等规定。

强调女职工的特殊利益，一方面是由于女职工存在与男职工不同的生理特点，女性生理机能决定了女职工有经期、孕期、产期、哺乳期的生理变化。因此，女职工不宜从事过重的体力劳动，在劳动中需要特殊保护。另一方面，女职工在工作和家庭中承担双重角色，在精力和体力方面承受着特殊压力，现实生活中各种性别歧视现象仍不同程度存在。

三、维护女职工合法权益和特殊利益的重要性

（一）维护女职工合法权益和特殊利益是经济社会发展进步的需要

社会的存在、发展和进步需要依靠男女两性的共同努力和密切合作。女职工在承担社会生产的同时，还承担着人类再生产的重任。女职工的合法权益和特殊利益能否得到保护，直接关系到女性能否充分参与社会发展，直接关系到对下一代的孕育、哺育、教育和培养，并在相当程度上影响着国家、民族的现在和将来。长期以来，广大女职工在政治、经济、文化领域取得了令人瞩目的非凡成就，为改变社会不平等现象创造了条件。社会发展的事实告诉我们：女职工地位的提高，是同整个社会发展和时代进步联系在一起的，女职工地位的高低直接反映着社会发展进步的程度。在实现“两个一百年”奋斗目标和中华民族伟大复兴的中国梦的历史进程中，要更好地发挥女职工的积极作用，就必须切实反映她们的利益诉求，切实维护好她们的合法权益和特殊利益，消除包括在教育、就业、收入、参与决策等领域的一切形式的男女不平等，使广大女职工平等地享有参与社会发展的权利和机会。

（二）维护女职工合法权益和特殊利益是女职工自身发展的需要

女职工自身发展与社会进步有着必然的联系，是社会全面发展的重要方面。没有妇女就没有社会，也就没有社会的发展和进步；关心和促进社会的发展与进步，就必须关心和促进女职工自身发展，依法表达和维护女职工的合法权益和特殊利益。从法律上和事实上以全面的、坚持不懈的行动谋求男女平等实现，已成为我国女职工的普遍愿望和不可抗拒的历史潮流。女职工同男职工一样，是一支伟大的人力资源，特别是由于生理

条件的差别，许多社会职业更适合于女性。因此，能否在经济社会发展中最大限度地维护好女职工合法权益和特殊利益、提高她们的社会地位、保护她们的积极性，将直接影响这支重要人力资源作用的发挥，影响众多社会职业的效益，影响经济建设、政治建设、文化建设、社会建设和生态文明建设的发展。因此，国家有责任把保障妇女权益系统纳入法律法规，在出台法律、制定政策、编制规划、部署工作时充分考虑两性的现实差异和妇女的特殊利益，最大限度地调动广大妇女积极性、主动性、创造性，支持和帮助妇女享有出彩的人生，促进女职工与社会的同步发展。

（三）维护女职工合法权益和特殊利益是工会女职工组织的基本职责

工会及工会女职工组织是代表女职工利益的群众组织，是党和政府联系广大女职工的桥梁和纽带。代表和维护广大女职工的合法权益和特殊利益是各级工会女职工组织的基本职责。《工会法》第三章第二十三条规定，企业、事业单位、社会组织违反劳动法律法规规定，有侵犯女职工和未成年工特殊利益的，工会应当代表职工与企业、事业单位、社会组织交涉，要求企业、事业单位、社会组织采取措施予以改正；企业、事业单位、社会组织应当予以研究处理，并向工会作出答复；企业、事业单位、社会组织拒不改正的，工会可以请求当地人民政府依法作出处理。《妇女权益保障法》第六条第二款规定，“工会、共产主义青年团、残疾人联合会等群团组织应当在各自的工作范围内，做好维护妇女权益的工作”。《中国工会章程》第十四条规定，“各级工会建立女职工委员会，表达和维护女职工的合法权益”；第二十八条第七款明确工会基层委员会的基本任务之一是“维护女职工的特殊权益，同歧视、虐待、摧残、迫害女职工的现象作斗争”。《中华全国总工会贯彻国务院〈中国妇女发展纲要（2021—2030年）〉和〈中国儿童发展纲要（2021—2030年）〉实施方案》确定“积极参与女职工权益保护法律法规制定修改，推动女职工权益保护法律法规政策不断完善；加强监督检查，严厉打击侵害女职工权益的行为；加强女职工就业服务，帮助女职工实现更加充分更高质量就业；保障女职工平等享有劳动权利，推动消除就业性别歧视；保障女职工获得公平的劳动报酬；提升女职工劳动安全和健康意识，降低女职工职业病发病率”等主要目标。《工会女职工委员会工作条例》第六条规定：“依法维护女职工在政治、经济、文化、社会和家庭等方面的合法权益和特殊利益，同一切歧视、虐待、摧残、迫害女职工的行为作斗争。”各级工会女职工组织要充分认识维护女职工合法权益和特殊利益的重要性，全面履行基本职责，促进女职工权益实现和全面发展。

第二节　保护女职工合法权益和特殊利益的主要法律法规

一、我国现行女职工权益保护法律法规体系

我国初步形成了以《宪法》为依据，以《妇女权益保障法》为基准，由《民法典》、《劳动法》、《劳动合同法》、《就业促进法》、《社会保险法》、《职业病防治法》、《工会法》、《人口与计划生育法》、《反家庭暴力法》、《女职工劳动保护特别规定》等若干法律、行政法规、地方性法规、行政规章等组成的女职工权益保护法律法规体系，为依法维护女职工权益提供了法律保障。

《宪法》第三十三条、第三十四条、第四十八条、第四十九

条等均对妇女权益作出原则性规定，第四十八条规定：“中华人民共和国妇女在政治的、经济的、文化的、社会的和家庭的生活等各方面享有同男子平等的权利。国家保护妇女的权利和利益，实行男女同工同酬，培养和选拔妇女干部。”第四十九条规定：“婚姻、家庭、母亲和儿童受国家的保护……禁止破坏婚姻自由，禁止虐待老人、妇女和儿童。”

《民法典》强化了人身自由和人格尊严的保障，强调保障妇女婚姻家庭权益，第一百二十八条、第一千零一十条、第一千零四十一条、第一千零四十三条等均对妇女权益作出原则性规定，第一千零一十条规定：“机关、企业、学校等单位应当采取合理的预防、受理投诉、调查处置等措施，防止和制止利用职权、从属关系等实施性骚扰。”

《妇女权益保障法》对保障妇女的合法权益作出了专门规定。总则第二条规定，“男女平等是国家的基本国策。妇女在政治的、经济的、文化的、社会的和家庭的生活等各方面享有同男子平等的权利”，进一步确立了男女平等的原则。该法还从政治权利、人身和人格权益、文化教育权益、劳动和社会保障权益、财产权益、婚姻家庭权益六个方面强化了对妇女合法权益的保障。

《劳动法》对保障妇女劳动就业权益和劳动保护作出明确规定。第十二条规定：“劳动者就业，不因民族、种族、性别、宗教信仰不同而受歧视。”第十三条规定：“妇女享有与男子平等的就业权利。在录用职工时，除国家规定的不适合妇女的工种或者岗位外，不得以性别为由拒绝录用妇女或者提高对妇女的录用标准。”第二十九条规定，女职工在孕期、产期、哺乳期内的，用人单位不得依据《劳动法》第二十六条、第二十七条的规定解除劳动合同。第五十八条规定：“国家对女职工和未成年工实行特殊劳动保护。”第五十九条规定：“禁止安排女职工从事矿山井下、国家规定的第四级体力劳动强度的劳动和其他禁忌从事的劳动。”第九十五条规定：“用人单位违反本法对女职工和未成年工的保护规定，侵害其合法权益的，由劳动行政部门责令改正，处以罚款；对女职工或者未成年工造成损害的，应当承担赔偿责任。”

《劳动合同法》第四十二条规定，女职工在孕期、产期、哺乳期的，用人单位不得依照《劳动合同法》第四十条、第四十一条的规定解除劳动合同。第五十二条规定，企业职工一方与用人单位可以订立劳动安全卫生、女职工权益保护、工资调整机制等专项集体合同。

《就业促进法》第三条规定：“劳动者依法享有平等就业和自主择业的权利。劳动者就业，不因民族、种族、性别、宗教信仰等不同而受歧视。”第九条规定：“工会、共产主义青年团、妇女联合会、残疾人联合会以及其他社会组织，协助人民政府开展促进就业工作，依法维护劳动者的劳动权利。”第二十七条规定：“国家保障妇女享有与男子平等的劳动权利。用人单位招用人员，除国家规定的不适合妇女的工种或者岗位外，不得以性别为由拒绝录用妇女或者提高对妇女的录用标准。用人单位录用女职工，不得在劳动合同中规定限制女职工结婚、生育的内容。”

《社会保险法》第五十三条规定：“职工应当参加生育保险，由用人单位按照国家规定缴纳生育保险费，职工不缴纳生育保险费。”第五十四条规定：“用人单位已经缴纳生育保险费的，其职工享受生育保险待遇；职工未就业配偶按照国家规定享受生育医疗费用待遇。所需资金从生育保险基金中支付。生育保险待遇包括生育医疗费用和生育津贴。”第五十五条规定：“生育医疗费用包括下列各项：（一）生育的医疗费用；（二）计划生育的医疗费用；（三）法律、法规规定的其他项目费用。”

第五十六条规定："职工有下列情形之一的，可以按照国家规定享受生育津贴：（一）女职工生育享受产假；（二）享受计划生育手术休假；（三）法律、法规规定的其他情形。生育津贴按照职工所在用人单位上年度职工月平均工资计发。"

《职业病防治法》第三十八条规定："用人单位不得安排未成年工从事接触职业病危害的作业；不得安排孕期、哺乳期的女职工从事对本人和胎儿、婴儿有危害的作业。"第七十五条规定，安排未经职业健康检查的劳动者、有职业禁忌的劳动者、未成年工或者孕期、哺乳期女职工从事接触职业病危害的作业或者禁忌作业的，由卫生行政部门责令限期治理，并处五万元以上三十万元以下的罚款；情节严重的，责令停止产生职业病危害的作业，或者提请有关人民政府按照国务院规定的权限责令关闭。

《女职工劳动保护特别规定》是我国保障女职工劳动保护特殊权益的一部专门法规，是对《宪法》、《妇女权益保障法》、《劳动法》等上位法律中有关女职工劳动保护原则规定的具体落实，附录《女职工禁忌从事的劳动范围》对女职工及经期、孕期、哺乳期女职工禁忌从事的劳动范围作出明确规定。

除以上法律法规外，《工会法》、《人口与计划生育法》、《反家庭暴力法》、《女职工保健工作规定》等法律法规规定中均有保护女职工合法权益和特殊利益的规定。

二、女职工劳动保护特别规定

党和国家就女职工劳动保护颁布了一系列相关的法律法规及政策，对保护女职工在生产劳动中的安全与健康，调动女职工的生产积极性起到重要作用，为各级工会女职工组织维护女职工权益提供了法律政策依据。

（一）我国女职工劳动保护规定历史沿革

早在1925年，在第二次全国劳动大会通过的《经济斗争的决议案》中就对女工的劳动保护提出了具体要求：一是禁止妇女与不满13岁者做有损健康之特别困难与危险以及地穴下面的工作；二是绝对不许怀孕与哺乳的妇女做夜班工作及特别强度的工作；三是妇女在产前、产后有八星期的休息时间，并照发工资；四是哺乳的妇女，除普通规定的休息时间以外，还须补足其哺乳小孩的时间，哺乳相隔的时间，每次不能超过三个半小时，且每次哺乳不得少于半小时；五是绝对禁止使用13岁以下的童工女工等。在1926年召开的全国第三次劳动大会上，又为女工和儿童问题专门起草了一项决议案，其中第九条内容为："要求政府制定女工及童工保护法。"在此之后召开的第四次、第五次、第六次全国劳动大会，都有同样内容的规定。但是由于在新中国成立之前中国共产党还没有掌握政权，这些主张只能在部分解放区实行。

1949年9月，中国人民政治协商会议通过的《中国人民政治协商会议共同纲领》第三十二条和第四十八条规定："保护青工女工的特殊利益"，"并注意保护母亲、婴儿和儿童的健康。"

1951年国家政务院颁布的《中华人民共和国劳动保险条例》和1953年劳动部颁布的《中华人民共和国劳动保险条例实施细则修正案》对女职工的产假、产假待遇、托幼院所的设置、费用来源作了具体规定。

1955年4月，国务院颁布的《关于女工作人员生产假期的通知》，对国家女工作人员的流产、产假、产假工资及有关待遇作了具体规定。

1956年5月，国务院全体会议第29次会议通过的《工厂安全卫生规程》中规定，工厂应根据需要设置浴池、厕所、更衣室、休息室、妇女卫生室等生产辅助设施；妇女卫生室应该设在工作场所附近等。

1964 年 4 月，国务院批转的卫生部、财政部《关于计划生育的手术、医药等费用支付问题的规定》中规定，女职工做绝育结扎手术、放取绝育环或人工流产，所需挂号费、住院费、检查费、医药费和手术费，企业职工及正式职工的供养直系亲属在企业的，在“医药卫生补助费”中开支；在国家机关、事业单位、党派、团体等的，享受公费医疗待遇的，按原来医药费报领关系，在“公费医疗”或本单位经费中开支。

自 1978 年党的十一届三中全会以来，党和国家更加关心和重视女职工劳动保护工作，不仅颁布了女职工劳动保护的专门法规，而且在其他法律法规中也涉及女职工劳动保护的内容，这一时期，成为女职工劳动保护法规建设的重要时期。

1979 年由卫生部、国家建委、国家计委、国家经委、国家劳动总局批准实行的《工业企业设计卫生标准》中，对女职工浴室、生活用室、女职工卫生室及乳儿托儿所的设置作了明确规定。

1988 年 7 月，国务院 9 号令颁发了《女职工劳动保护规定》。该法规是新中国成立 30 多年来第一部综合性的女职工劳动保护的专门法规，对女职工在生产劳动过程中的保护作了明确规定，对于减少和解决女职工在劳动中因生理特点造成的特殊困难，保护女职工身心健康具有重要作用。

1988 年劳动部下发的《关于女职工生育待遇若干问题的通知》，对女职工流产、怀孕检查和分娩的有关费用的支出渠道、超过产假期间的待遇等问题作了明确规定。

1989 年劳动部下发的《关于印发〈女职工劳动保护规定问题解答〉的通知》，对《女职工劳动保护规定》实施后，一些单位反映的带有普遍性的问题给予了解答，对于更好地贯彻《女职工劳动保护规定》起到了推动作用。

1990 年劳动部下发的《女职工禁忌劳动范围的规定》，对女职工及处于经期、已婚待孕、怀孕、哺乳期禁忌从事的劳动范围都作了具体而明确的规定。

2008 年，鉴于《女职工劳动保护规定》是在计划经济体制下制定的，已不适应经济发展的需要，一些条款已过时，落实起来有难度，因此启动了重新修订工作。

（二）我国现行《女职工劳动保护特别规定》

2012 年，在党和政府的高度重视、国务院法制办的积极努力及各部委的共同参与、工会等群团组织的积极配合和推动下，《女职工劳动保护特别规定》于当年 4 月 18 日经国务院第 200 次常务会议通过，并于 4 月 28 日以中华人民共和国第 619 号国务院令颁布实施。《女职工劳动保护特别规定》正文 16 条，附录 4 条，涵盖了女职工“四期”保护、生育待遇、禁忌劳动范围、法律责任等相关内容。《女职工劳动保护特别规定》对原《女职工劳动保护规定》主要从以下几方面进行了调整。

1. 扩大了适用范围。

《女职工劳动保护特别规定》的适用范围，保留原有的国家机关、人民团体、企业、事业单位，增加了个体经济组织以及其他社会组织等单位和个人，覆盖了所有用人单位及女职工，包括女农民工。

2. 调整了禁忌劳动范围。

把劳动部 1990 年制定的《女职工禁忌劳动范围的规定》放在附录中加以列示，由部颁规章提高到行政法规层次，并从实际出发对禁忌劳动范围作了适当调整。主要包括：加强了对女职工孕期和哺乳期的保护，扩大了其禁忌从事的范围；与《劳动法》接轨，删去了已婚待孕期禁忌劳动范围；为促进妇女就业，缩小了经期禁忌劳动范围。

3. 规范了产假待遇。

实现产假与国际劳工组织《2000年保护生育公约（修订）》（第183号公约）的接轨，从90天延长至98天（14周），并适用于所有生育女职工；参照劳动部《关于女职工生育待遇若干问题的通知》标准，将女职工流产产假纳入《女职工劳动保护特别规定》予以明确；对女职工产假期间待遇、生育或流产医疗费用的支付标准、支付单位作出明确规定，特别对是否参加生育保险女职工产假期间待遇和相关费用支出分别作出规定，明确了支付途径。这对承认女职工生育的社会价值、促进用人单位参加生育保险起到积极作用。

4. 完善了监督管理体制。

对监督管理部门的权责作了相应调整和完善，明确了执法主体，规定县级以上人民政府人力资源社会保障行政部门、安全生产监督管理部门按照各自职责，负责对用人单位遵守《女职工劳动保护特别规定》的情况进行监督检查。目前，依据机构改革监督管理体制的新变化，以及2018年新修订的《职业病防治法》对职业安全卫生管理体制的新调整，由调整后的各部门按照各自职责进行监督检查。

5. 强化了用人单位的责任义务。

规定了用人单位应当采取措施改善女职工劳动安全卫生条件，对女职工开展劳动安全卫生知识培训，遵守女职工禁忌劳动范围规定，以及要将本单位属于女职工禁忌劳动范围岗位书面告知女职工；明确了对用人单位违反《女职工劳动保护特别规定》行为的处罚规定。这对增强用人单位的执法意识，自觉做好女职工劳动保护工作是有力的推动。此外，《女职工劳动保护特别规定》还增加了在劳动场所，用人单位应当预防和制止对女职工的性骚扰，有利于从源头上防止对女职工的侵害。

第三节　工会女职工权益维护工作

一、工会维护女职工合法权益和特殊利益的途径

（一）加强源头参与，建立女职工维权工作机制

工会女职工组织要履行好维护女职工合法权益和特殊利益的基本职责，必须加强源头维护机制建设，这是有效维护女职工权益的根本途径。实践证明，只有加大源头参与的力度，才能更好地代表和维护女职工的合法权益和特殊利益。

各级工会女职工组织要以《妇女权益保障法》、《民法典》、《劳动法》、《劳动合同法》、《就业促进法》、《社会保险法》和《女职工劳动保护特别规定》等法律法规为依据，从宏观和微观两个层面做好维权工作。各级工会领导机关的女职工组织要积极参与国家和地方有关女职工权益保护法律法规政策的研究和制定修订，推动地方出台《女职工劳动保护特别规定》实施办法，推动和促进涉及女职工权益的法律法规纳入国家和地方的立法规划；通过工会组织中的人大代表、政协委员，积极反映女职工权益方面的突出问题，提出建议；认真研究和把握女职工在劳动就业、社会保障、劳动保护等方面问题，积极做好源头参与和宏观维护。区域（行业）工会女职工组织和基层工会女职工组织要积极参与平等协商和签订集体合同工作，将女职工特殊权益的具体内容纳入集体合同和女职工权益保护专项集体合同（专章/附件），充分发挥女职工权益保护专项集体合同作用，突出民主管理、生育保护、女职工卫生费、帮助职工平衡工作和家庭责任等重点，提升协商质量和履约实效。在推行职工代表大会制度中，要体现保障女职工参与民主决策、民

主管理、民主监督的权利，坚持职工代表大会中有一定名额和比例的女职工代表，积极征集涉及女职工权益的突出问题提交大会讨论。工会女职工组织还要在工会与同级政府的联席会议制度及政府、企业（雇主）、工会三方协调机制中发挥作用，积极参与与女职工有关的劳动争议的调解和仲裁工作。

（二）开展普法宣传，营造全社会关注女职工权益的良好氛围

在现实工作和生活中，一些女职工不知法、不懂法、缺乏自我保护的意识和能力，是其权益受到侵害的一个重要原因。各级工会女职工组织必须把加强对女职工的普法教育作为一项重要工作内容，加大力度，采用多种方式向女职工宣传法律知识，增强女职工的法治观念，使广大女职工不仅自觉遵守国家的法律法规和用人单位的规章制度，同时了解法律法规所赋予自己的权利。广大女职工只有掌握了法律这个武器，才能够依法维护自身的合法权益，自觉地与侵害自己权益的现象作斗争，并有利于形成群众监督机制。

同时要加大向全社会宣传女职工权益保障法律法规的力度，定期开展普法宣传活动，不断优化维护女职工权益的法治环境，提高包括党政领导干部、工会干部、用人单位管理者等在内的全社会成员对国家保护女职工权益法律法规的认知程度。

（三）开展法律监督，推动法律法规的贯彻落实

工会女职工组织对有关法律法规的贯彻落实情况要进行深入调查研究，及时准确地反映情况和问题，并在此基础上运用法律武器维护女职工的权益。各级工会女职工组织要加强与政府、行政部门的沟通与合作，并主动配合人大、政协及有关部门开展执法检查，对于检查中发现的问题，要督促政府有关部门予以解决，督促违法用人单位进行整改，杜绝侵权现象的发生。要将女职工权益维护工作纳入工会群众性法律监督网络体

系，与司法监督、行政监督和社会舆论监督结合起来。要通过开展联合调查、开设女职工维权热线等方式对侵害女职工权益的行为进行监督，常态化做好维权典型案例评选、联合专项执法检查、工会劳动法律监督，及时推动侵犯女职工权益案件调查处理，促进劳动关系和谐稳定，维护劳动领域政治安全。

（四）整合社会资源，共同做好维护女职工权益工作

维护女职工合法权益和特殊利益是一项复杂的社会系统工程，是全社会的共同责任。做好女职工维权工作不是靠某一个组织和部门能够独立完成的，而是需要党组织的重视和领导，政府的作为，各级人民代表大会的立法和监督，政协的关注与督促，新闻媒体的宣传与干预，公安、检察院、法院、人社、民政、教育、工会、妇联等部门和群众团体各司其职、通力合作，以及全社会的广泛参与和支持。各级工会女职工组织在履行职责的同时，要加强与社会各方面的沟通、联系和配合，借助社会各方面的力量和资源，协调内外关系，积极探索社会化维权的新方式、新途径、新举措，推动并逐步形成党委领导、政府重视、各方支持、工会运作、女职工参与的工作格局，使工会女职工组织的维权力量不断加强、领域不断拓展，使女职工的合法权益和特殊利益得到切实保障。

二、当前女职工权益维护面临的主要问题

进入新发展阶段，我国经济社会出现新变化，劳动关系呈现新趋势新特点，女职工的群体结构、就业结构和利益诉求等也发生了新的变化，女职工的劳动保护出现了新的需求和新的问题。特别是当前受国家生育政策调整、经济下行压力加大等因素叠加影响，女职工在劳动就业、生育保护、职业发展等权益实现以及平衡工作和家庭责任等方面仍存在诸多困难，女性农民工、城市困难女职工、新就业形态女性劳动者等群体利益

保障还面临难点堵点问题。

（一）面临的主要问题

1. 劳动用工制度不规范。

一些用人单位在招聘环节存在着性别和年龄歧视。如在招工中用男不用女，或只招收19—25岁未婚未育的女性和已经生育两孩、三孩的女性，避开女职工孕期、产期、哺乳期，以躲避对女职工特殊保护的责任。一些企业不与女职工签订劳动合同或劳动合同履约率低。有的企业与女职工签订的劳动合同中没有女职工特殊保护内容，甚至在劳动合同中限制女职工婚育。

2. 女职工“四期”保护得不到落实。

一是经期保护得不到重视。有的女职工经期仍从事高空、低温、冷水作业和第三级及以上体力劳动强度的劳动。二是孕期保护得不到落实。一些企业存在女职工怀孕七个月以上被延长劳动时间和安排从事夜班劳动等现象。在一些化工、建材行业有女职工在怀孕期间被安排从事国家规定的第三级体力劳动强度的劳动和孕期禁忌从事的劳动。有的企业在与女职工签订的劳动合同中出现了不允许女职工怀孕、女职工一旦怀孕将被解聘等条款。三是产假待遇落实困难。一些企业特别是中小非公企业未参加生育保险，也不按有关规定落实生育和产假待遇。女职工产假工资无保障、生育费用得不到报销。部分企业还出现克扣女职工生育津贴的情况。四是哺乳时间得不到保障。因受计时、计件工作的影响，一些女职工的哺乳时间得不到保障。有些企业取消了哺乳时间或将哺乳时间累计扣工资；有的企业虽给哺乳时间，但不减劳动定额，女职工只好放弃哺乳时间。在一些行业还存在女职工哺乳期内延长其劳动时间或从事夜班劳动的现象。

3. 部分企业女职工的休息休假权利及相应经济权益受到侵害。

一些企业侵害女职工休息休假权利及相应经济权益问题较为严重。部分女职工产假时间得不到保障，被迫在未休完产假的情况下提前返岗。部分非公有制企业加班加点超工时现象普遍存在，且不能按规定支付加班工资，一些孕期、哺乳期的女职工也要加班加点。

4. 劳动安全卫生条件差。

有的企业因厂房狭窄、设备陈旧、工艺落后、作业环境差，女职工长期在有毒有害作业的环境中工作，尘、毒、噪声严重超标，特别是橡胶、制鞋、化工、陶瓷、铸造、玩具等行业较为集中。还有的企业安排女职工从事禁忌劳动，严重侵害了女职工的人身安全和健康。

5. 劳动保护标准与形势发展不相适应。

随着科学技术的发展，劳动生产中出现了许多新材料、新物质，有些材料和物质成为威胁从事生产劳动的女职工安全健康的潜在危险，一些女职工流产、胎儿致畸或终身不育的情况时有发生。由于目前我国还没有专门机构对这些新材料、新物质是否会给女性生育机能带来危害，以及需要何种特殊防护进行研究，在新形势下如何加强对女职工的特殊保护尚缺乏科学依据。

6. 新就业形态女性劳动者权益维护有待加强。

共享经济和新就业形态灵活性强、门槛低、容量大等特点，在增加收入、兼顾工作和家庭责任等方面对女性劳动者具有较强的吸引力，新就业形态女性劳动者已经成为新就业形态劳动者的重要组成部分。但新就业形态女性劳动者特殊劳动保护、生育保险保障等方面存在盲点，如何维护她们的合法权益和特殊利益，还需要进一步探索实践。

（二）产生问题的主要原因

1. 性别歧视是造成对女职工劳动权益侵害的重要原因。

由于女职工的生理特点，需要在劳动过程中给予保护，特别是在其孕期、产期、哺乳期给予特殊保护，因而，加大了用人单位使用女职工的劳动力成本，使女性在竞争中处于劣势地位。这是一些企业不愿招用女工，或招工避开女性生育期、使用女职工“黄金年龄”段的重要原因之一。在传统性别歧视的影响下，一些企业任意提高女性就业门槛，在减员时则将女性优先，严重侵害了女性的劳动就业权利。

2. 法治建设滞后制约着女职工劳动保护法律法规的落实。

一是女职工劳动保护法律法规的修订完善滞后于形势发展，影响了法律法规发挥效力，特别是在违法惩治方面缺乏强有力的刚性措施和承担相应法律责任的规定，给一些违法者以可乘之机。二是执法和监督体系滞后，违规处罚力度不够。目前政府有关部门和社会的监督管理制度尚不健全规范，对企业缺乏有效的制约机制。一方面，行政执法部门人员不足，执法监察力量薄弱，不能对企业进行经常性的检查和监督，使有关法律不能落到实处；另一方面，在企业内部又缺乏监督制约机制和必要的监督手段，致使侵犯女职工权益的现象屡有发生。

3. 企业经营者法治观念淡薄，影响了法律法规的贯彻执行。

一些非公有制企业经营者素质偏低，对女职工劳动保护的重要性认识不足，在生产经营中急功近利，只考虑企业效益，漠视国家法律，不知法或不守法，逃避保障女职工特殊利益的法律责任。

4. 社会保障体系的不完善，影响和制约了女性就业和特殊利益的落实。

随着我国社会经济的快速发展，尤其是新经济组织迅猛发展，社会保障相关法律法规政策滞后于形势的发展，覆盖面过窄，缺乏有效的强制性措施，待遇保障标准以及服务管理等方面与当前的形势发展不相适应，致使生育保险在实施中问题较多，影响了生育保险作用的发挥，企业不愿招用女职工的问题仍未得到根本解决。

5. 女职工自我保护能力差，增加了女职工劳动保护法律法规落实的难度。

一些女职工文化水平低，法律意识差，明知企业有违反法律法规的做法也不敢站出来说话。有的女职工因不了解国家对女职工特殊保护的政策和法律规定，怀孕后便主动辞职离岗。女职工的这种退避和妥协助长了一些企业经营者的违法行为，同时加大了女职工组织维权的难度。

面对新形势和新情况，各级工会女职工组织要充分认识维护女职工合法权益和特殊利益的重要性和必要性，深入研究新形势下女职工权益保障工作的特点和规律，全面履行工会女职工组织的基本职责，加大女职工维权工作力度，一方面要把保障女职工权益和促进女职工发展全面融入国家经济社会发展的大环境和大格局中，与经济社会发展同步推进；另一方面要以更加开阔的视野，把这项工作放到工会工作全局中去思考、分析和把握。对权益受到侵犯的女职工，要为其提供法律援助和服务；要针对女职工“四期”保护的落实和男女同工同酬、平等职业发展等问题开展专门协商，签订女职工权益保护专项集体合同；对违反相关法律法规、侵犯女职工合法权益和特殊利益的行为，尤其是典型侵权案例，要一抓到底，直至问题得到解决；要注重依法维护新就业形态女性劳动者劳动报酬、休息休假、劳动保护、社会保险等权益。

第四节　女职工权益保护专项集体合同

女职工权益保护专项集体合同工作，是工会女职工组织针对劳动关系出现的新变化和新问题，在总结和借鉴多年来工会女职工维权工作的理论和实践经验基础上开展的一项创造性工作，是工会女职工组织履行维权服务基本职责、协调劳动关系的重要手段和工作内容。

一、女职工权益保护专项集体合同的概念、形式和主要内容

《劳动合同法》第五十二条规定，企业职工一方与用人单位可以订立劳动安全卫生、女职工权益保护、工资调整机制等专项集体合同。《中国妇女发展纲要（2021—2030年）》提出：督促用人单位规范用工行为，依法与女职工签订劳动合同，推动签订女职工权益保护专项集体合同。《妇女权益保障法》第四十四条第二款规定，职工一方与用人单位订立的集体合同中应当包含男女平等和女职工权益保护相关内容，也可以就相关内容制定专章、附件或者单独订立女职工权益保护专项集体合同。

女职工权益保护专项集体合同，是指用人单位一方与职工一方根据女职工权益保护法律、法规和规章，就女职工合法权益和特殊利益方面的内容通过平等协商签订的专项书面协议，对用人单位和本单位的女职工具有法律约束力。它是平等协商和集体合同制度的重要组成部分，也是工会女职工组织维护女职工合法权益的重要载体和手段。

各地推行女职工权益保护专项集体合同工作可以根据本地区的具体情况选择签订的形式，可以单独签订女职工权益保护

专项集体合同，也可以将女职工权益保护专项协议作为集体合同的附件或专章。女职工权益保护专项集体合同与集体合同中的附件、专章的协商和签订的程序、法律效力一样，但女职工权益保护专项集体合同必须经过协商双方首席代表单独签字确认，是法律要件齐备、可以单独成立的专门合同；而集体合同中的附件、专章依附于综合性集体合同而存在，只需在综合性集体合同上签字即可。在中小企业比较集中的地区和行业，可以签订区域性、行业性女职工权益保护专项集体合同。

女职工权益保护专项集体合同包括的内容主要有：

1. 有关女职工的劳动经济权利方面的内容，如劳动就业、同工同酬、休息休假、保险福利待遇等；

2. 有关女职工的特殊利益方面的内容，如女职工禁忌劳动保护、“四期”保护、妇科疾病普查、生育待遇等；

3. 有关女职工的政治文化教育发展权利方面的内容，如职业教育、技术培训、晋职晋级、参与企业民主管理等；

4. 双方认为应当协商的其他内容，如灵活工作时间等帮助职工平衡工作和家庭责任的相关举措。

二、推动女职工权益保护专项集体合同工作的必要性和重要性

1995 年我国正式实施《劳动法》，平等协商和集体合同制度作为调整劳动关系的一项重要法律制度便在我国正式建立。20 多年来，平等协商和集体合同制度已成为工会协调劳动关系、依法维护职工合法权益的重要途径和有效手段。随着我国社会主义市场经济的发展，企业所有制形式、劳动用工和收入分配方式出现了多元化，不同职工群体的利益诉求也呈现多元化，企业签订的单一综合性集体合同由于涉及维护职工权益的内容宽泛，合同条款规定比较原则，具有一定的局限性、缺乏

可操作性。于是，集体合同的内容和形式开始向突出工资协商和区域性、行业性、专业性的方向发展，在工资集体协商出台后，女职工权益保护、劳动安全保护等专项集体合同也应运而生。

女职工权益保护专项集体合同是集体合同的重要组成部分，是推行平等协商和签订集体合同工作的深化和延伸，提高了集体合同的针对性和实效性，是工会及其女职工组织依法维护女职工合法权益和特殊利益的必然选择。女职工由于生理特点和承担人类再生产的特殊使命，其合法权益和特殊利益理应受到法律法规和用人单位的保护。工会女职工组织作为女职工权益的代表者和维护者，紧紧围绕女职工合法权益和特殊利益，通过推动签订女职工权益保护专项集体合同，推动国家和地方女职工权益保护法律法规的贯彻落实，对于有效保护女职工的合法权益和特殊利益，调动女职工投身全面建设社会主义现代化国家的积极性，推动工会女职工维权机制创新和完善，增强工会女职工组织的吸引力和凝聚力，具有重要的意义。

三、签订女职工权益保护专项集体合同的工作程序

女职工权益保护专项集体合同的工作程序主要分为四个阶段。

（一）准备工作阶段

1. 协商代表、首席代表的产生。

已建立集体合同制度的单位，女职工一方的协商代表、首席代表应与集体合同协商代表、首席代表一致。未建立集体合同制度的单位，女职工一方的协商代表应由本单位工会选派，首席代表由本单位工会主席担任，工会主席也可以书面委托工会女职工委员会主任担任首席代表。工会主席或工会女职工委员会主任空缺的，首席代表由工会主要负责人担任。未建立工

会组织的单位，女职工一方的协商代表由本单位女职工民主推荐，并经本单位半数以上女职工同意，首席代表从协商代表中民主推举产生。

用人单位一方的协商代表，由用人单位法定代表人指派。首席代表一般由单位法定代表人担任，特殊情况下可由其书面委托的其他管理人员担任。

2. 对协商代表开展专门培训。

根据女职工权益保护专项集体合同工作需要，对职工协商代表开展有针对性的培训。

3. 起草集体合同草案。

职工协商代表会同本单位工会女职工工作者在对企业女职工权益保护状况进行调查和分析的基础上，起草《女职工权益保护专项集体合同（草案）》，并广泛征求用人单位和女职工意见，进一步修改和完善。

（二）协商签约阶段

工会和工会女职工组织方代表与企业行政方代表就《女职工权益保护专项集体合同（草案）》开展平等协商。经双方协商一致同意，将《女职工权益保护专项集体合同（草案）》提交职工代表大会或职工大会审议通过后，由双方的首席代表签字。

（三）报送与审查阶段

女职工权益保护专项集体合同签订后，要报送当地人力资源和社会保障部门进行审查和备案。人力资源和社会保障部门自收到文本之日起 15 日内未提出异议的，该女职工权益保护专项集体合同即行生效。

（四）履约及监督检查阶段

女职工权益保护专项集体合同应当自其生效之日起由协商

代表及时以适当的形式向本方全体人员公布，用人单位和全体女职工都要严格执行。集体合同监督检查小组应有工会女职工组织的代表参加，尚未建立工会或工会女职工组织的，要有女职工代表参加，共同对女职工权益保护专项集体合同履行情况定期进行检查和监督。对发现的问题要督促用人单位采取措施进行整改。同时，每年应至少一次将女职工权益保护专项集体合同的履行情况向本单位职工大会或职工代表大会报告，接受职工的监督。

四、工会女职工组织在推行女职工权益保护专项集体合同工作中的职责和任务

各级工会女职工组织推行女职工权益保护专项集体合同工作的职责和任务主要是在源头参与、指导服务、建立机制、监督检查和宣传培训等方面。

（一）加强源头参与，提供法律法规政策保障

在推进女职工权益保护专项集体合同签订工作中，工会女职工组织要注重从源头参与方面积极开展工作，推动在国家、地方颁布的法律法规政策和单位的规章制度中，将实行女职工权益保护专项集体合同制度列入其中。2022 年，新修订的《妇女权益保障法》将女职工权益保护专项集体合同纳入其中，工会组织在其中发挥了重要作用，也为继续深化女职工权益保护专项集体合同工作进一步提供了法律依据。同时，要推动人力资源和社会保障、工会等部门印发指导性文件和制度，指导用人单位开展工作，如在全国总工会制定下发的《企业工会工作条例》中，明确要求企业工会依法与企业进行平等协商，签订女职工权益保护专项集体合同；全国总工会办公厅下发的《关于推行女职工权益保护专项集体合同工作的意见》，对推行女职工专项集体合同工作提出了具体目标和要求；2021 年《中华全

国总工会 人力资源社会保障部 中国企业联合会/中国企业家协会 中华全国工商业联合会关于应对疫情影响进一步做好集体协商工作的通知》明确将女职工权益保护纳入其中；2022年《中华全国总工会关于加强新时代工会女职工工作的意见》对加强新时代女职工权益保护专项集体合同工作提出明确要求。

（二）加强指导服务，借助社会力量齐抓共推

借助劳动关系三方协调机制这一行之有效的载体，将其纳入三方协商的范围，积极争取支持，借助社会力量共同推进，对推进女职工权益保护专项集体合同工作具有积极的促进作用，是各地比较普遍的一个好做法。为充分发挥劳动关系三方协调机制作用，各级工会及其女职工组织应积极主动地与本地区人力资源和社会保障等行政部门、企业联合会/企业家协会联系，通过密切合作，搭建工作平台，共同推进女职工权益保护专项集体合同工作。江苏、河北、福建、山东等省总工会与省人力资源和社会保障厅、省企业联合会/企业家协会联合下发文件，对推进女职工权益保护专项集体合同工作提出明确意见和要求；江苏、江西、湖南等省有关方面还联合发文对推进女职工权益保护专项集体合同工作进行督导检查；辽宁、黑龙江、安徽、福建等省（区、市）总工会联合人力资源和社会保障等部门出台了《女职工权益保护专项集体合同示范文本》，为推行女职工权益保护专项集体合同工作提供了参考和依据。另外，各地工会还可联合地方人大、政协和妇女儿童工作委员会、法制办等部门联合开展工作，有效地整合各方资源，社会化推进女职工权益保护专项集体合同工作。

（三）建立工作机制，汇聚全会力量推进工作

推行女职工权益保护专项集体合同工作，要在工会内部建立相应的工作机制。一是必须领导重视，将推行工作融入工会

全局工作之中，精心组织，狠抓落实，形成工会分管领导亲自抓、女职工部具体抓、相关部门合力抓的工作格局。二是要制定工作目标，与平等协商、集体合同工作同步部署、同步签订、同步检查、同步履行、狠抓落实。三是要将推进女职工权益保护专项集体合同工作分别纳入全年重点工作目标考核、模范职工之家创建、劳动关系和谐企业创建等各项考核之中，保证推行工作的责任落实。

（四）注重培育典型，加强分类指导

工会及其女职工组织在推行女职工权益保护专项集体合同时，应从本地实际出发，因地制宜、因企制宜，根据企业的性质、规模、经营状况，加强分类指导，通过总结经验，培育典型，以点带面着力推进工作的开展。对国有控股企业和集体企业、大型非公企业开展女职工权益保护专项集体合同工作，应要求企业全面贯彻女职工权益保护法律法规，落实女职工体检卫生费等问题；对纺织服装、制鞋、电子、餐饮、美容美发、商贸流通等女职工较为集中的中小非公企业，重点是要督促落实女职工“四期”保护措施、执行女职工禁忌从事的劳动范围，以及女职工普遍关注和迫切需要解决的问题。当前推进女职工权益保护专项集体合同工作的重点应在中小非公企业、中小企业比较集中和行业集群的地区、新就业形态女性劳动者集中的平台企业，要通过推行区域性、行业性女职工权益保护专项集体合同，覆盖更多的中小非公企业和新就业形态女性劳动者。

（五）建立监督检查机制，促进工作落实

建立女职工权益保护专项集体合同工作监督检查机制，对于保证这项工作落到实处具有重要的意义。要通过充分发挥工会各职能部门作用，建立起女职工权益保护专项集体合同工作

监督检查机制，同时借助社会力量，主动争取人大等有关方面的支持，发挥劳动关系三方协商机制作用，会同人社部门、企业联合会/企业家协会等单位联合开展监督检查工作。企业也要建立相应的监督检查机制，要发挥基层工会女职工委员会、职工代表大会、厂务公开与集体合同监督检查小组、工会劳动法律监督小组的作用，督促企业将女职工权益保护专项集体合同条款纳入企业职能部门进行落实，并将女职工权益保护专项集体合同纳入集体合同的同步监督检查工作，对检查中发现的问题，及时与企业行政沟通协商，提出整改意见，确保女职工权益保护专项集体合同真正发挥作用。

（六）抓好宣传工作，营造推行女职工权益保护专项集体合同工作的良好氛围

推行女职工权益保护专项集体合同工作，必须营造浓厚的工作氛围和舆论氛围，取得各方面的重视和支持。要通过不断强化女职工权益保护专项集体合同的宣传，向社会广泛宣传开展女职工权益保护专项集体合同工作的重要意义和作用，宣传《工会法》、《劳动法》、《劳动合同法》、《妇女权益保障法》、《女职工劳动保护特别规定》等相关的法律法规政策，形成强大的宣传声势和舆论氛围。要注重争取党政的重视与支持，通过送达有关女职工维权方面的文件和法律知识读本、邀请党政领导干部参加女职工工作会议和有关活动，向党政领导干部宣传女职工维权工作，进一步加深党政领导干部对工会女职工维权工作的认识和了解，为推行女职工权益保护专项集体合同工作、维护女职工权益创造良好的工作环境。在中小非公企业，要加强向企业经营者和职工宣传国家保护女职工权益的法律法规和政策措施，使他们了解平等协商、签订女职工权益保护专项集体合同的基本知识，提高企业依法开展签订女职工专项集体合同的自觉性，增强女职工依法自我维权的意识。

当前，在推进女职工权益保护专项集体合同工作中，各地还存在工作发展不平衡、工作的运行机制还不能完全适应维权工作需要、一些单位的工会女职工工作者的谈判能力和协商技巧有待提高等问题。对此，必须予以正视和解决。要通过调查研究，摸清情况，总结并推广不同类型的先进经验和成功做法，努力探索和把握女职工权益保护专项集体合同工作的基本特点和发展规律，创新工作思路和方法，不断完善工作机制，推动工作深入发展。要采取多种途径和方式加强工会女职工工作者培训，坚持分层分类培训、常规培训和专题培训相结合，帮助工会女职工工作者精通女职工权益保护法律法规，掌握协商程序与协商技巧，不断提高开展女职工权益保护专项集体合同工作的能力和水平。

第五节　生育保险

党的二十大报告指出，社会保障体系是人民生活的安全网和社会运行的稳定器，健全覆盖全民、统筹城乡、公平统一、安全规范、可持续的多层次社会保障体系。生育保险是社会保障制度的重要内容之一，我国生育保险制度的建立，体现了国家和社会对女职工担负人类再生产的社会价值的重视，它对维护女职工的劳动权利、调动女职工的积极性、推动生产力的发展、促进人们观念的转变、提高人口质量起到了重要作用。随着国家生育政策调整，生育保险支持生育的保障作用、推动生育休假用工成本合理分担的作用更加凸显。

一、生育保险的含义和作用

生育保险是社会保险的重要组成部分，指职业妇女因生育而暂时中断劳动，由国家或单位为其提供生活保障和物质帮助的一项社会制度。其宗旨在于通过向生育女职工提供生育津贴、产假以及医疗服务等方面的待遇，保障她们因生育而暂时丧失劳动能力时的基本经济收入和医疗保健，帮助生育女职工恢复劳动能力，重返工作岗位，并使婴儿得到必要的照顾和哺育，从而体现国家和社会对妇女在这一特殊时期给予的支持和爱护。同时，通过将妇女生育负担由用人单位责任转化为全社会责任，平衡企业的负担，减轻用人单位招用妇女的成本，帮助妇女就业。

生育保险的主要特点是：（1）保障对象主要是生育期间的妇女劳动者，相对于其他险种来说覆盖范围小，有些国家和地区将生育保险范围扩大至所有的育龄妇女；（2）保险给付水平高，具有明显的福利性；（3）无论女职工妊娠结果如何，均可以按照规定得到补偿；（4）主要提供因生育导致劳动能力丧失期间的短期保险；（5）与医疗保险密切相关。因此，一些国家将该二者合并为“健康保险”。生育保险作为国家社会保险的项目之一，实施中要求遵循强制性原则、社会性原则和互济性原则。

总体来看，生育保险通过发挥社会保险的互助共济作用，将单个用人单位因雇用女职工而产生的生育相关费用支出在全体用人单位间分担，降低了用人单位用工成本，减轻了用人单位雇用女职工的顾虑，对消除就业性别歧视具有重要意义。实践证明，生育保险制度建立以来，对维护职工生育保障权益，促进妇女公平就业、均衡用人单位负担发挥了重要作用。

二、我国生育保险制度的建立和发展

（一）发展历程

我国生育保险制度创建于新中国成立初期，1951 年政务院颁布的《中华人民共和国劳动保险条例》，就对企业女职工的生育待遇作出了具体规定。机关、事业单位的女职工生育保险制度始建于1955年，当年国务院颁布了《关于女工作人员生产假期的通知》，其内容与企业女职工生育保险制度的项目和待遇水平是相同的。其中规定了女工作人员生产假期：产前产后产假共56天；难产或双生增加假期14天；怀孕不满7个月流产时，得根据医师的意见，给予30天以内的产假。产假期间（包括星期日及法定假日在内）工资由职工所在单位照发；产假期满，因病需要休养者，按病假处理。

1988年国务院颁布实施了《女职工劳动保护规定》，明确了“不得在女职工怀孕期、产期、哺乳期降低其基本工资或者解除劳动合同”，统一了企业和机关、事业单位生育保险待遇，将女职工的产假由原来的56天延长到90天，难产假15天，并对生育多胞胎的、流产、哺乳时间、孕期劳动保护和产假工资待遇作出新的规定。生育医疗费用由所在单位负担。

1994年7月5日第八届全国人民代表大会常务委员会第八次会议通过了《劳动法》。这是我国第一部全面调整劳动关系、确定劳动标准的基本法。为配合《劳动法》的贯彻实施，劳动部在总结各地生育保险制度改革实践经验的基础上，于1994年12月颁布了《企业职工生育保险试行办法》，将生育保险的管理模式由用人单位管理逐步转变为实行社会统筹，由各地社会保障机构负责管理生育保险工作，使生育保险制度改革在内容、标准、形式等方面有了初步规范，成为我国推进生育保险制度改革的主要法规依据。《企业职工生育保险试行办法》规定：生育保险根据“以支定收，收支基本平衡”的原则筹集资金，由企业按照其工资总额的一定比例向社会保险经办机构缴纳生育保险费，建立生育保险基金；其缴费比例最高不得超过职工工资总额的百分之一；职工个人不缴纳生育保险费；生育保险待遇包括生育医疗费用和生育津贴，津贴的标准是按照职工所在企业上年度职工月平均工资计发，医疗费包括检查费、接生费、手术费、住院费和药费，生育出院后因生育引起疾病的费用也由基金支付。

随着我国社会保障制度的进一步发展，2011 年 7 月 1 日国家施行了《社会保险法》，制定专章规定了生育保险的覆盖范围、筹资和待遇项目，明确规定："国家建立基本养老保险、基本医疗保险、工伤保险、失业保险、生育保险等社会保险制度，保障公民在年老、疾病、工伤、失业、生育等情况下依法从国家和社会获得物质帮助的权利。"并在第六章专门规定了生育保险的覆盖范围、筹资和待遇项目。根据《社会保险法》，生育保险的筹资来源是用人单位，包括生育保险在内的各项社会保险基金均通过预算实现收支平衡，县级以上人民政府在社会保险基金出现支付不足时，给予补贴。生育保险目前筹资安排为制度稳定运行提供了有效保障。

2012 年《女职工劳动保护特别规定》颁布施行，将产假时间延长至 98 天，其中产前可以休假 15 天；难产的，增加产假 15 天；生育多胞胎的，每多生育 1 个婴儿，增加产假 15 天。女职工怀孕未满 4 个月流产的，享受 15 天产假；怀孕满 4 个月流产的，享受 42 天产假。同时就女职工流产假、享受生育或流产的医疗费用、生育津贴等作出了规定。《女职工劳动保护特别规定》的颁布实施，标志着职工生育保险待遇得到了进一步提高，加强了对女职工生育权利的保护。

2015 年和 2021 年两次修改颁布的《人口与计划生育法》规定"符合法律、法规规定生育子女的夫妻，可以获得延长生育假的奖励或者其他福利待遇"。据此，大部分省（区、市）将生育假延长 30—60 天，产假总计 128—158 天，少数地方产假可延长至 1 年。但各地关于生育延长假期间生育津贴支付的相关规定差别较大，如《黑龙江省女职工劳动保护条例》规定，对参加生育保险的女职工产假期间的生育津贴，按照用人单位上年度职工月平均工资标准由医疗保险基金支付一百五十八日，剩余期间按照其产假前工资标准由用人单位支付；《广东省职工生育保险规定》明确女职工顺产享受98天生育津贴，职工依法享受奖励假期间不享受生育津贴。

2019年，国务院办公厅印发《关于全面推进生育保险和职工基本医疗保险合并实施的意见》，明确提出按照“保留险种、保障待遇、统一管理、降低成本”的总体思路，全面推进两项保险合并实施。两险合并实施并非取消生育保险，不涉及生育保险待遇政策的调整，也不增加单位和个人缴费负担，只是管理运行上的一体化，即所有参加职工基本医疗保险的在职职工同步参加生育保险，有利于实现生育保险应保尽保。合并实施后，通过实现两项保险参保同步登记、基金合并运行、征缴管理一致、监督管理统一、经办服务一体化，在节省管理成本、提升效率的同时，使得参保者报销更加便利，对于整合两项保险的基金资源和管理资源、强化基金共济能力、提升管理服务有积极影响。从实际情况看，随着这项工作的全面推进，生育保险覆盖面进一步扩大，基金共济能力进一步增强，参保单位和个人办理业务与享受服务更加便捷，制度可持续性更有保障。

（二）我国现行生育保险制度

我国现行生育保险制度以《社会保险法》、《劳动法》、《劳动合同法》、《女职工劳动保护特别规定》等为依据，所覆盖的范围为中华人民共和国境内一切国家机关、人民团体、企业、事业单位的职工。由用人单位按照国家规定缴纳生育保险费，职工个人不缴纳生育保险费。用人单位已经缴纳生育保险费的，其职工享受生育保险待遇；职工未就业配偶按照国家规定享受生育医疗费用待遇，所需资金从生育保险基金中支付。截至

2021年末，全国参加生育保险人数为2.38亿人。

根据《社会保险法》规定，生育保险待遇包括生育医疗费用和生育津贴，生育保险待遇所需资金从生育保险基金中支付。生育医疗费用包括生育的医疗费用，计划生育的医疗费用以及法律、法规规定的其他项目费用。生育津贴是指根据国家法律、法规规定对职业妇女因生育休产假而离开工作岗位期间，给予的生活费用，是对工资收入的替代。女职工生育产假期间可以按照国家和地方规定享受生育津贴，生育津贴标准按照职工所在用人单位上年度职工月平均工资计发，所需资金从有关社会保险基金中支付。对未参加生育保险的单位，生育女职工除享受98天产假外，其产假期间的生育津贴由用人单位按照该女职工产假前工资的标准支付；女职工生育的医疗费由用人单位支付。目前，国家生育政策调整后，地方在国家法定产假之外的生育奖励假和其他福利待遇，由省（区、市）人大及其常务委员会或者人民政府根据《人口和计划生育法》自行出台规定，其中有的地方规定奖励假期间由用人单位发放工资，有的地方规定由生育保险支付。国家相关部门正在加强对各地实践情况的跟踪调研，研究完善相关积极支持政策。

根据《企业所得税法实施条例》以及《财政部 国家税务总局关于生育津贴和生育医疗费有关个人所得税政策的通知》，企业依照国务院有关主管部门或者省级人民政府规定的范围和标准为职工缴纳的生育保险费，准予在企业所得税前扣除；对生育妇女按照县级以上人民政府制定的生育保险办法，取得的生育津贴、生育医疗费或其他属于生育保险性质的津贴、补贴，免征个人所得税。

2021年9月，国务院办公厅印发《“十四五”全民医疗保障规划》，指出未来五年将继续完善生育保险政策措施。一是继续做好生育保险对参保女职工生育医疗费用、生育津贴等待遇的保障；二是规范生育医疗费用支付管理，推进生育医疗费用支付方式改革，住院分娩按病种支付，产前检查按人头支付，控制生育医疗费用不合理增长，降低生育成本，提高生育保险与职工基本医疗保险合并实施成效；三是继续做好城乡居民基本医疗保险参保人员生育医疗费用待遇保障。

2022 年 8 月，国家卫生健康委、国家发展改革委等 17 部门发布《关于进一步完善和落实积极生育支持措施的指导意见》，明确“完善生育保险等相关社会保险制度。国家统一规范并制定完善生育保险生育津贴支付政策，强化生育保险对参保女职工生育医疗费用、生育津贴待遇等保障作用，保障生育保险基金安全。有条件的地方可探索参加职工基本医疗保险的灵活就业人员同步参加生育保险。未就业妇女通过参加城乡居民基本医疗保险享受生育医疗待遇。为领取失业保险金人员缴纳职工基本医疗保险费（含生育保险费），保障其生育权益，所需资金从失业保险基金列支。指导地方综合考虑医保（含生育保险）基金可承受能力、相关技术规范性等因素，逐步将适宜的分娩镇痛和辅助生殖技术项目按程序纳入基金支付范围”等内容。

三、工会在推进生育保险工作中的作用和任务

多年来，工会在推动我国职工生育保险制度改革和发展方面做了大量的工作，取得了一定成效，今后工会还将继续推动生育保险制度的不断完善。

（一）工会推动生育保险制度改革取得的成效

1. 加强源头参与，推动完善生育保险制度。

全国总工会及各地方工会深入企业，开展了大量的调查研究，为政府制定生育保险制度改革政策提出了许多有价值的意见和建议。1992 年，全国总工会向劳动部提出了关于加强对女

职工生育保障制度改革的研究指导并将其纳入社会保障制度改革总体规划、有计划地分批地在全国推行的建议。1994 年，以联合国第四次世界妇女大会在北京召开为契机，全国总工会及有关部门积极推动生育保险政策的出台，参与了《企业职工生育保险试行办法》的制定，促成其在第四次世界妇女大会前正式颁布。从 1988 年开始，全国总工会和各地方工会多次通过工会系统的人大代表和政协委员提出对生育保险制度进行改革的提案和议案。2003—2006 年工会系统的全国人大代表和全国政协委员分别提交了有关加快《社会保险法》立法进程、进一步完善生育保险制度的提案。全国总工会及地方工会通过开展调查研究，了解生育保险制度在实施中存在的问题，积极推动和参与《社会保险法》、《生育保险办法》的制定工作。2012 年 11 月，国务院法制办就《生育保险办法（征求意见稿）》向社会征求意见，全国总工会立即下发了通知，要求各省市工会女职工组织，组织动员基层组织和女职工积极参与征求意见工作，提出修改意见和建议。积极参与生育保险和职工基本医疗保险合并实施试点方案征求意见工作，提出工会意见和建议。2022 年，各级工会积极参与优化生育政策配套支持措施的制定出台，对提升生育保险保障水平提出意见建议。

2. 发挥基层工会作用，督促企业将生育保险工作落到实处。

近年来，各级工会女职工组织积极推行女职工专项集体合同工作，将生育保险内容纳入集体合同和女职工权益保护专项集体合同，推动生育保险工作落到实处，扩大了生育保险的覆盖面。同时基层工会进一步加大了监督力度，发挥职工代表大会作用，要求企业将生育保险费缴纳、生育女职工待遇落实情况作为涉及职工切实利益的问题，必须经过职工代表大会审议通过，定期向职工代表大会报告实施情况。

3. 开展宣传教育工作，营造良好社会氛围。

多年来，各级工会通过各种形式，广泛宣传女职工生育的社会价值、实行生育保险制度的必要性。将《社会保险法》纳入工会系统普法宣传活动，通过线上线下知识讲座、知识竞赛、法律咨询以及送法下基层等形式，增强企业行政和广大职工对生育保险制度重要性的认识，为推动生育保险制度的实施营造良好的社会氛围。

（二）工会进一步推动生育保险制度改革的任务

当前，我国生育保险制度还存在参保率相对较低、生育医疗费用待遇较低、各地保障范围和标准不规范不统一等问题，工会将在进一步推动生育保险制度完善中继续发挥作用。

1. 加大对生育保险的宣传力度。

生育保险是我国五大保险之一，也是我国社会保障体系的重要组成部分。各级工会要大力推动《社会保险法》、《女职工劳动保护特别规定》贯彻落实，采取多种形式，加大宣传工作力度。要广泛宣传女性生育的社会价值，使更多的人认识到妇女在人类自身生产中的作用和贡献，提高全社会对女性生育价值的认识，为生育保障制度的实施创造良好的社会环境和氛围；要加大生育保险制度以及相关的政策法规的宣传，让人们了解生育保险的相关政策，帮助女职工依法依规维护好自身权益。

2. 推动政府有关部门尽快完善生育保险制度。

各级工会要深入开展调查研究工作，注意听取基层工会和女职工的意见与呼声，在生育保险制度改革中提出工会建议主张。积极推动和配合政府有关部门，研究、制定相关国家和地方关于生育保险的法律法规政策，推动生育保险制度的完善，推动建立合理的生育成本分担机制。

3. 进一步推动生育保险制度落实。

联合政府有关部门加强对生育保险执行情况的监督检查，

及时研究解决生育保险工作中存在的突出问题，推动生育保险待遇落实，促进生育保险制度的不断完善和生育保险制度改革的健康发展。

第六节　女职工休息哺乳室

保障孕期、哺乳期女职工劳动保护权益，支持职场妈妈坚持母乳喂养是女职工劳动保护工作的重要内容。随着国家生育政策调整，孕期、哺乳期女职工对工作场所建立女职工休息哺乳室的需求更加迫切，全国总工会女职工委员会及各级工会女职工组织依据《女职工劳动保护特别规定》，积极推动用人单位履行法律义务，有效维护了孕期、哺乳期女职工劳动保护权益。

一、工作历程

2014 年全国总工会女职工委员会召开全国工会“爱心妈咪小屋”建设现场推进会，在全国部署推进女职工休息哺乳室建设工作。

2016 年 11 月，国家卫计委、全国总工会等 10 家单位联合制发《关于加快推进母婴设施建设的指导意见》，提出到 2020 年底，所有应配置母婴设施的公共场所和用人单位基本建成标准化的母婴设施。

2020 年世界母乳喂养周之际，全国总工会女职工委员会联合国家卫生健康委人口家庭司、联合国儿童基金会共同举办“小屋见大爱‘喂’爱加油”世界母乳喂养周宣传活动，总结交流经验做法，宣传解读婴幼儿喂养核心信息。同时，联合全国工会职工书屋面向全国 3500 家基层单位女职工休息哺乳室开展图书配送活动，进一步发挥女职工休息哺乳室阵地作用，为广大女职工提供普法宣传、读书学习等服务。

2021年，全国总工会和国家卫健委等部门联合制发《母乳喂养促进行动计划（2021—2025年）》，推动用人单位加强女职工休息哺乳室建设，加强哺乳期女职工权益保障，为哺乳期女职工提供母乳喂养支持。

2022年，国家卫生健康委、国家发展改革委等17部门印发《关于进一步完善和落实积极生育支持措施的指导意见》再次明确：实施母乳喂养促进行动；女职工比较多的用人单位应当建立孕妇休息室、哺乳室，配备必要母婴服务设施，更好满足孕产期、哺乳期女职工的需求。

二、主要做法

一是建立长效机制。各级工会女职工组织将孕妇休息室、女职工哺乳室建设等规定纳入用人单位女职工劳动保护工作制度、女职工权益保护专项集体合同以及和谐劳动关系建设和模范职工之家建设的重要内容，设立专项资金、完善制度机制，依法为孕期哺乳期女职工提供保障。

二是规范管理运作。各地方工会女职工组织结合实际对女职工休息哺乳室建设的硬件标准、管理制度、经费补助等制定管理办法，对统一标识和色调，统一配备设施、配送物资、专人管理等提出明确要求并开展督导检查，努力使布局更科学、运作更有效，企业和女职工更满意。

三是创新工作模式。各级工会女职工组织积极探索“互联网+”工作新模式，通过拓展小屋功能、建立爱心地图定位、设置网络课堂等方式，搭建服务女职工的新平台，更精准服务女职工需求。

目前，“爱心妈咪小屋”、“母婴关爱室”、“爱心妈妈屋”、“阳光家园”等各具特色的女职工休息哺乳室在全国各地企事业单位、工业园区、商务楼宇广泛建立，为孕期、哺乳期女职工提供了安全、卫生、私密的休息哺乳场所，得到了各级党政和广大女职工及社会有关方面的普遍赞誉。

思考题：

1. 简述女职工合法权益和特殊利益的主要内容。

2. 我国现行保护女职工合法权益和特殊利益的主要法律法规有哪些？

3. 为什么要开展女职工权益保护专项集体合同工作？

4. 简述生育保险的内容和特点。

第五章　工作场所性别平等

性别平等是人类追求公平、正义与平等的永恒主题。1995年，在联合国第四次世界妇女代表大会上，中国政府向国际社会庄严宣示把男女平等作为基本国策。党的十八大以来，以习近平同志为核心的党中央，对深入贯彻落实男女平等基本国策提出新思想、作出了新部署。党的二十大报告再次强调“坚持男女平等基本国策”，指出要“消除影响平等就业的不合理限制和就业歧视，使人人都有通过勤奋劳动实现自身发展的机会”。此外，习近平总书记还多次发表重要讲话、作出重要指示，强调在出台法律、制定政策、编制规划、部署工作时充分考虑两性的现实差异和妇女的特殊利益，就业要解决好性别歧视、身份歧视问题。目前，我国已经基本形成了以《宪法》为基础，以《劳动法》、《劳动合同法》、《妇女权益保障法》、《工会法》、《女职工劳动保护特别规定》等为主干，以《就业服务与就业管理规定》等为补充的促进性别平等法律制度体系。这些都充分显示了党和国家实现男女平等的政治意志和坚强决心，为实现女性依法平等行使民主权利、平等参与经济社会发展提供了根本遵循。

女职工是我国工人阶级的重要组成部分。长期以来，亿万女职工秉承自尊、自信、自立、自强的“半边天”精神，以主人翁姿态投身改革开放和社会主义现代化建设，在推动经济发展和社会进步中发挥了不可替代的作用。我国女职工劳动经济权益、民主参与权利、特殊劳动保护权益等进一步得到实现和保障。同时，女职工在劳动就业、生育保护、职业待遇等方面也面临新情况新问题，一些女职工因生育在求职、产后返岗和职业发展中，不同程度遭遇性别歧视，一些用人单位对应履行的法律义务和社会责任存在模糊认识。促进工作场所性别平等和创建家庭友好型工作场所，帮助职工平衡工作和家庭责任，是贯彻男女平等基本国策的切实举措。本章将详细解读相关法律法规、阐释用人单位应建立的制度机制、工会组织应发挥的作用，旨在推动用人单位落实法律法规，为工会促进工作场所性别平等和创建家庭友好型工作场所提供帮助和指导。

第一节　工作场所性别平等的基本概念

一、性别平等

性别平等是指在各个年龄阶段和各个工作生活阶段中男女享有平等的机会、权利和待遇。所有人都可以自由地发展个人能力和做出选择，不受有关性别角色或男女性别特点的成见和偏见约束。

二、工作场所性别平等

工作场所性别平等是指男女职工享有平等的工作机会和待遇，从事同等价值的工作获得同等报酬，公平享有安全健康的工作环境和生育保护，平等参与集体协商，平等获得职业发展机会，以及获得平衡工作和家庭的支持等。工作场所性别平等是保障人权、促进社会公正和可持续发展的关键，主要包括就业机会平等、职业发展机会平等、薪酬待遇平等、生育保护、为职工平衡工作和家庭责任提供支持、预防和制止职场暴力和性骚扰。

三、工作场所性别歧视

工作场所性别歧视是指用人单位基于劳动者的性别、婚育状况，在招聘、录用、工作岗位安排、工资福利、培训、晋升、工作时间、工作条件、社会保障、解除或终止劳动关系等方面区别对待，损害劳动者平等的权利、机会、待遇的行为。

工作场所性别歧视包括直接歧视和间接歧视。直接歧视是指直接对男女职工造成的不平等对待，比如，在不是真正的岗位需要的情况下，用人单位在招聘中对求职者的性别进行限制性要求。间接歧视是指某些规定和做法看似中立，但实际上却导致对某一性别人群的不平等待遇，比如，要求求职者身高必须达到 1.70 米以上，但是并非只有身高 1.70 米以上的人才能胜任这项工作，这种招聘要求虽然未说明不招聘女性，但是实际上把大部分女性排除在外，这就可能构成间接歧视。

基于工作实际和真实的需要而采取的特别措施或者根据特殊情况保护特定劳动者群体的措施并不构成歧视，比如，为男女浴室分别雇用各自性别的服务员，对孕期、哺乳期女职工或者有家庭责任的职工的保护和支持等。

第二节　工作场所性别平等的主要内容

一、就业机会平等

（一）就业机会平等的含义

就业机会平等是指用人单位在发布招聘广告、面试、录用、工作安排以及劳动合同解除等方面平等地对待劳动者，不得基于性别、婚育状况对男女劳动者进行不合理的差别对待。《妇女权益保障法》、《劳动法》、《就业促进法》、《广告法》、《人力资源市场暂行条例》等均对男女平等就业作出了规定。新修订的《妇女权益保障法》第四十三条明确规定，用人单位在招录（聘）过程中，除国家另有规定外，不得限定为男性或者规定男性优先；除个人基本信息外，不得进一步询问或者调查女性求职者的婚育情况；不得将妊娠测试作为入职体检项目；将限制结婚、生育或者婚姻、生育状况作为录（聘）用条件；不得实施其他以性别为由拒绝录（聘）用妇女或者差别化地提高对妇女录（聘）用标准的行为。

（二）用人单位保障平等就业机会的措施

用人单位应了解并执行禁止性别歧视、保障男女平等就业机会的法律法规，并通过规章制度加以落实。一是对人力资源管理部门及招聘人员进行性别平等议题的培训，确保招聘中的公平性。二是规范招聘广告，保证招聘广告对岗位描述的客观性，且通过男女均有机会获得相关信息的渠道让尽可能多的求职者知晓招聘广告；工作申请表中，只询问与工作要求直接相关的信息，如工作经验、技能、教育水平、相关专业资质等。三是规范面试环节，应给符合招聘条件的求职者提供平等的面试机会，对每个求职者提出相同或者类似的问题；面试小组成员尽可能达到性别平衡，面试官应将所有关于工作要求的细节告知应聘者并以统一的标准对每位应聘者的能力进行评价，不应根据求职者的性别或者通过询问婚姻状况或家庭责任等问题做出假设性推断；面试记录应该完整保存，以备查阅；建立面试结果评议制度，组织包括工会和职工代表在内的相关各方对面试结果进行评议，并将拟录用人员信息进行公示。四是在工作安排、调配、解雇、裁员等方面给予男女职工平等对待。五是用人单位应建立争议处理制度来解决就业机会歧视问题，并确保职工了解处理程序，工会应积极参与并监督用人单位保障和促进就业机会平等。

二、职业发展机会平等

（一）职业发展机会平等的含义

职业发展机会平等主要包括平等的职业培训机会、平等的晋升机会和平等的评优、奖励机会三个方面。《妇女权益保障法》第四十六条规定，“在晋职、晋级、评聘专业技术职称和职务、培训等方面，应当坚持男女平等的原则，不得歧视妇女”。

平等的职业培训机会是指男女职工享有平等的接受职业培训的权利。职业培训既包括专业技术培训，也包括管理力、领导力等培训。用人单位应为所有男女职工提供培训和发展机会，按照客观公正的标准选择有资格的职工参与职业培训。培训内容应该打破传统男女角色限制，同时应对参加各种职业培训的职工进行分性别统计和定期的监测，以便及时发现男女职工比例的差异，分析造成差异的原因，采取措施进行合理干预。

平等的晋升机会是指男女职工在晋职、晋级、评聘专业技术职称和职务等方面享有平等的权利。用人单位在晋职、晋级、评聘专业技术职称和职务等方面应以个人的能力和业绩为标准，不应有任何性别歧视和偏见。用人单位在晋升时应公开职位的信息和录用条件，以事先确定的标准评定申请人的资格。

平等的评优、奖励机会是指男女职工在用人单位的评比活动中享有平等地被评选为优秀及获得奖励的权利。用人单位各项评比制度应公开公正，男女职工不应因性别受到不公正的对待。

（二）用人单位应采取的保障男女职工享有平等的职业发展机会的措施

用人单位在规章制度中应明确规定男女职工享有平等的培训、晋升和其他职业发展机会。

在培训环节，应充分考虑男女职工群体的培训需求，制定男女平等参与的目标或指标，确保男女职工都能参加对其职业发展至关重要的培训；应将各种职业培训机会和申请程序告知所有职工，使所有职工了解选择标准和申请条件；对培训申请者进行评定时，应使用客观的评定标准，充分考虑反歧视行动措施，以保证每个职工的申请均得到公正的评定。合理安排培训课程的时间，以便所有具有资格的职工均能参加，比如，尽量安排在午休或者工作时间，以方便有家庭照顾责任的职工能够参加；为因产假、陪产假错过培训的男女职工提供补充培训机会。

在晋职晋级中，应帮助所有的职工熟悉本单位的晋升制度和标准、了解即将出现的空缺职位的情况，并建立公平的评价机制，使所有职工了解获得奖励的机会。为避免偏见，应有两人以上且男女代表比例相对均衡的晋升和评优审查小组测评申请人的资格。应注意对职工的职业发展机会进行分性别统计，比如，参与各种培训的男女职工比例，各层级管理岗位男女比例等。

（三）消除女性职业发展中的“玻璃天花板”

“玻璃天花板”用于描述阻碍女性职业发展的无形障碍。虽然女职工的工作能力越来越强，工作表现也越来越优异，但是由于传统观念及制度制约，一些用人单位领导职位大多数由男性担任，女性往往被排除在决策机制和程序之外。女职工缺乏培训和职业晋升机会，女职工的职业发展需求往往被忽视和边缘化。因此，用人单位应采取积极措施打破“玻璃天花板”。

“玻璃天花板”现象长期存在的主要原因在于，女职工在工作场所仍然遭受性别角色定型的影响；女职工大多被分配到非决策性岗位，缺乏获得向较高职位发展的可能性；女职工获得培训尤其是管理和领导力培训的机会较少；家庭责任主要由女性承担，这种双重角色阻碍了她们的职业发展。

三、薪酬待遇平等

（一）薪酬待遇平等的含义

同等工作同等报酬（简称“同工同酬”）是指男女职工在从事相同或相似的工作的情况下获得相同报酬。我国现行法律要求同工同酬，《妇女权益保障法》第四十五条规定：实行男女同工同酬。妇女在享受福利待遇方面享有与男子平等的权利。

同工同酬原则适用于用人单位发放的所有工资和福利，包括计时工资或者计件工资以及奖金、津贴等货币性收入，以及其他福利、设施和服务。

（二）用人单位应采取措施保障男女职工享有平等的薪酬待遇

用人单位应将同工同酬原则明确写入规章制度、集体合同和劳动合同，在制定、修改或者决定有关劳动报酬、保险福利等规章制度和重要措施时，应当经职工代表大会或者全体职工讨论，提出方案和意见，与工会或者职工代表平等协商确定。如果用人单位存在不平等的工作分类或工资结构，管理层和受到影响的职工代表应共同就薪酬待遇问题进行专门协商。

用人单位还应组织和开展培训活动，使管理者和相关人员了解同工同酬和同值同酬原则及相关规章制度。同时要建立工资的分性别统计和调查，有程序保证职工能够就薪酬歧视提出投诉，并采取相应的补偿措施。工会组织应监督用人单位薪酬平等执行情况，并参与薪酬歧视问题的投诉和处理。

四、生育保护

（一）生育保护的含义

生育保护是指对女职工在孕期、产期、哺乳期提供充足的生育保障，包括产假、生育医疗待遇、特殊劳动保护、就业保护（不得因怀孕、生育、哺乳而减薪或解雇等）以及为返岗后母乳喂养提供支持等。《妇女权益保障法》、《劳动合同法》、《社会保险法》、《职业病防治法》、《女职工劳动保护特别规定》均对相关内容作出了明确规定。

（二）用人单位在生育保护方面的义务

《宪法》规定："国家尊重和保障人权"，生育权也是一项基本人权。生育保护是国家和社会为了保护母亲和新生儿的健康、解决女性生育和就业冲突，为生育女性和家庭提供的就业、收入和休假保障。用人单位提供工作中的生育保护对提高劳动力人口素质、促进经济社会可持续发展具有重要意义。我国政府颁布一系列法律、法规和政策文件保护生育女性，用人单位有责任履行法律义务，承担社会责任，主要包括以下六个方面。

1. 就业保护和反歧视。保障女职工产假结束后有权返回原来或同等的工作岗位。不得因结婚、怀孕、产假、哺乳等情形，降低女职工的工资，辞退女职工，单方解除劳动（聘用）合同或者服务协议。劳动（聘用）合同期满，女职工在孕期、产期、哺乳期的，劳动合同应当续延至相应的情形消失时终止。

2. 产假及生育护理假。为女职工提供不少于98天产假和地方规定的生育延长假。女职工在产假期间应视为正常劳动时间，不影响女职工的工资待遇、福利、晋升等。依据地方规定为男职工提供生育护理假。

3. 生育医疗费用。为所有职工缴纳生育保险。包括女职工生育医疗费用和计划生育的医疗费用等。职工的未就业配偶可按照国家规定享受生育医疗待遇。对未参加生育保险的女职工，生育或者流产的医疗费用由用人单位承担。

4. 生育津贴。已参加生育保险的女职工产假期间生育津贴，按照用人单位上年度职工月平均工资的标准由生育保险基金支付。对未参加生育保险的女职工，用人单位应按照女职工产假前工资的标准向其支付生育津贴。

5. 生育健康保护。不安排经期、孕期、哺乳期女职工从事法律规定的禁忌劳动范围工作。应当将本单位属于女职工禁忌从事的劳动范围的岗位书面告知女职工。为职工提供体检，包括对女职工定期进行妇科疾病及乳腺疾病的查治。为职工提供健康咨询、讲座、义诊等健康服务。为保障女职工和胎儿的健康，用人单位应为女职工提供安全健康的工作环境。工作场所存在危害生育健康因素时，孕期、哺乳期女职工有权要求调离岗位，并保持薪资不变。女职工在孕期不能适应原劳动的，用人单位应当根据医疗机构的证明，予以减轻劳动量或者安排其他能够适应的劳动。对怀孕 7 个月以上的女职工，不延长劳动时间或安排夜班劳动。产前检查时间视为正常劳动时间。建立保护孕妇和胎儿的健康与安全专门规定。按性别分类建立职业健康监护档案，并按照规定的期限妥善保存。

6. 哺乳支持。在每天的劳动时间内为哺乳期女职工安排 1 小时灵活的哺乳时间。生育多胞胎的，每多哺乳 1 个婴儿每天增加 1 小时哺乳时间。为哺乳期女职工建立安全、卫生、私密的哺乳室，从而为产假结束后返回工作岗位的女职工坚持母乳喂养创造条件。不安排哺乳期女职工延长工作时间或安排夜班工作。

五、帮助职工平衡工作和家庭责任

（一）向职工提供平衡工作和家庭责任支持措施的意义

向职工提供平衡工作和家庭责任的支持措施有利于提高职工的工作满意度、工作效率和劳动生产率；有利于解决职工的后顾之忧，减少职工流失，降低人员招聘和调配培训成本；有利于减少工作和家庭责任的冲突，减轻职工压力，促进精神健康；有利于增强用人单位吸引和留住高素质职工的能力，提高市场竞争力；有利于改善劳动关系，树立用人单位对家庭友好的正面形象。

（二）用人单位在支持职工平衡工作和家庭责任方面应采取的措施

用人单位应建立帮助职工平衡工作和家庭责任制度，并制定实施方案，确保方案实施。首先，要调查男女职工在平衡工作与家庭责任方面的需求，将帮助职工平衡工作和家庭责任的支持措施纳入集体合同，并向职工宣传相关制度规定，让职工知晓单位提供的相关福利和服务，并及时告知相关规定变化的情况。其次，要对男女职工进行共同承担家庭责任和社会责任的教育，并提供具体支持。比如，提供灵活安排工作时间、远程办公的选择，提供支持或培训帮助女职工休完产假返回工作岗位并胜任工作，为女职工提供产假后逐步恢复工作的适应时间，提供职工子女托幼服务和托管服务（托儿所、幼儿园、寒暑假及课后托管班等），允许职工紧急休假以承担紧急的照护责任，在需要职工异地调动工作时，考虑其配偶的工作安排及子女的受教育可能性，根据地方规定和用人单位实际为男女职工提供照顾子女的假期，等等。

六、预防和制止工作场所性骚扰

（一）预防和制止工作场所性骚扰的含义

性骚扰是违背他人意愿，以言语、文字、图像、肢体行为等方式对他人实施的与性有关的侵权行为。性骚扰是性别歧视的一种形式，是基于性别的暴力。工作场所性骚扰是在工作过程中发生的、与工作有关或由工作产生的性骚扰行为。

工作场所性骚扰主要包括两种类型。一是交换型的性骚扰，是指骚扰者，如单位上级领导或公司主管等，利用职权或职务之便提出性方面的要求，以此作为受骚扰者获得与工作有关的机会或待遇（如录用、晋升、加薪、培训机会、调岗、职业稳定等）的交换条件，无论受骚扰者实际上是否获得了骚扰者用以交换的与工作有关的机会或待遇，都可能构成交换型的性骚扰。二是敌意工作环境型的性骚扰，是指任何人以具有性意味的言辞或行为，造成他人处于敌意性、胁迫性或冒犯性的工作环境，即使行为不针对任何特定职工，但造成一种性别不友好的工作环境或文化，也可能构成性骚扰，例如，淫秽色情材料的展示、“黄段子”、性暗示或令人反感的笑话等。

（二）我国法律法规和司法文件中关于预防和制止性骚扰的规定

《民法典》第一千零一十条规定：“违背他人意愿，以言语、文字、图像、肢体行为等方式对他人实施性骚扰的，受害人有权依法请求行为人承担民事责任。机关、企业、学校等单位应当采取合理的预防、受理投诉、调查处置等措施，防止和制止利用职权、从属关系等实施性骚扰。”《妇女权益保障法》第二十三条规定：“禁止违背妇女意愿，以言语、文字、图像、肢体行为等方式对其实施性骚扰。受害妇女可以向有关单位和国家机关投诉。接到投诉的有关单位和国家机关应当及时处理，并书面告知处理结果。受害妇女可以向公安机关报案，也可以向人民法院提起民事诉讼，依法请求行为人承担民事责任。”第二十五条规定了用人单位应当采取的预防和制止对妇女的性骚扰的措施：制定禁止性骚扰的规章制度；明确负责机构或者人员；开展预防和制止性骚扰的教育培训活动；采取必要的安全保卫措施；设置投诉电话、信箱等，畅通投诉渠道；建立和完善调查处置程序，及时处置纠纷并保护当事人隐私和个人信息；支持、协助受害妇女依法维权，必要时为受害妇女提供心理疏导；其他合理的预防和制止性骚扰措施。《女职工劳动保护特别规定》第十一条规定：“在劳动场所，用人单位应当预防和制止对女职工的性骚扰。”

对于实施性骚扰的行为，《刑法》明确规定了猥亵、侮辱妇女罪及侮辱、诽谤罪。《治安管理处罚法》第四十四条也规定：猥亵他人的，或者在公共场所故意裸露身体，情节恶劣的，处五日以上十日以下拘留；猥亵智力残疾人、精神病人、不满十四周岁的人或者有其他严重情节的，处十日以上十五日以下拘留。《最高人民法院关于增加民事案件案由的通知》第二条规定，在第九部分“侵权责任纠纷”的“348、教育机构责任纠纷”之后增加一个第三级案由“348 之一、性骚扰损害责任纠纷”。

（三）用人单位预防和制止工作场所性骚扰的具体举措

1. 领导层明确承诺对性骚扰零容忍。领导层高度重视工作场所性骚扰防治工作，承诺对性骚扰行为零容忍。承诺建立以预防为主的制度机制，营造安全、健康、互相尊重、和谐相处的工作环境。杜绝来自领导层的性骚扰行为，并要求各级管理层做好预防和制止工作场所性骚扰的工作。

2. 全面调查性骚扰存在状况及防治机制的有效性。在工会和职工代表的参与下，调查本单位性骚扰状况并评估发生性骚扰的风险，调查本单位防治性骚扰制度机制建设及执行情况，提出改进的具体措施。

3. 确立防治性骚扰工作的目标和方案。确立消除工作场所性骚扰的工作目标，制定预防和制止性骚扰的策略和具体方案。确立责任部门和责任人员牵头处理本单位防治性骚扰的相关工作，明确高层管理者负责组织消除工作场所性骚扰规章制度的制定、实施和过程监督。

4. 建立健全防治性骚扰的制度。制定关于消除工作场所性骚扰的专项规章制度，也可以将防治性骚扰纳入更广泛的禁止工作场所各种歧视和骚扰的规章制度，并确保把消除工作场所性骚扰纳入用人单位现有的核心管理制度与实践中。

5. 防治性骚扰宣传、教育、培训。通过现场宣讲、电话会议、电子信息传输以及在宣传栏张贴相关规章制度和宣传画等方式进行持续性的明示、教育和培训，让全体职工知悉本单位禁止性骚扰的规定，也让客户、顾客了解性骚扰是不被容忍的，鼓励全体职工同性骚扰行为作斗争。

6. 自查和监督。监测性骚扰防治方案实施情况，将实施的进展和面临的问题及时与有关各方沟通，并有针对性地提出改进方案和措施，以防止性骚扰的发生。建立工会及职工评议、监督制度，明确工会参与、监督的权利和职责，保证男女职工享有平等的知情权、参与权、表达权和监督权。

7. 受理投诉。明示投诉举报受理部门及人员，设置电话、传真、信箱、电子邮箱等多形式投诉举报渠道；确保职工可以通过保密方式对性骚扰行为进行投诉；采取措施确保提出投诉的职工不受纪律惩戒和报复；建立并完善对性骚扰投诉的记录、解决及跟进的各项程序。

8. 调查。接到性骚扰投诉后，立即采取行动对投诉进行有效调查，并在适当情况下提供补救措施。应注意对所有性骚扰的报告和投诉进行保密记录，还应就如何记录性骚扰投诉制定明确的规定，并确保所有职工都了解其在用人单位相关规章制度下的义务。

9. 处理。建立健全性骚扰处置、惩戒的制度措施，并确保惩戒措施的公正和有效执行。对性骚扰实施者按照用人单位规章制度中列举的惩戒标准及措施追究其责任。在处理过程中要采取措施支持、协助受害女职工依法维权，必要时为受害女职工提供心理疏导。

第三节　创建家庭友好型工作场所的具体措施

家庭友好型工作场所是指通过制定优化的工作制度，发展有利于职工身心健康的工作环境，支持男女职工平衡工作、家庭和个人生活，让职工能在身心健康的状态下投入工作的工作场所。《关于进一步完善和落实积极生育支持措施的指导意见》对创建家庭友好型工作场所相关内容提出要求。

家庭友好型工作场所要做到对有家庭责任的男女职工理念态度友好、职业发展友好、生育保护友好、照护支持友好、工作安排友好、职业健康友好。

一、理念态度友好

用人单位的高层领导对有家庭责任的职工在态度上保持友好，在建立畅通友善的组织沟通机制的基础上，了解职工困难和需求。制定帮助职工平衡工作和家庭责任的目标、方案和具体措施。开展面向管理者和职工的咨询和培训，积极宣传倡导男女职工共同承担家庭责任的理念。

二、职业发展友好

用人单位应保障生育女职工以及其他有家庭责任的职工享有平等的就业机会、职业发展机会和待遇。保障男女职工生育假期后返回原岗位或工资相同岗位的权利，为生育女职工提供产后返岗培训、逐步恢复工作的适应时间等支持，以帮助其产假后顺利返回工作岗位并胜任工作。用人单位应积极促进和帮助有家庭责任的职工制订和落实职业发展计划。

三、生育保护友好

用人单位应提供产假及陪产假、生育医疗费用和生育津贴。根据女职工的需要，建立女职工休息哺乳室、孕妇休息室等场所，为产后回归职场的女职工提供母乳喂养支持。

四、照护支持友好

用人单位根据职工需求和单位实际，采取单独或联合相关单位共同举办的方式，在工作场所为职工提供福利性托育、托管等照护服务。根据地方的规定和单位实际，落实生育奖励假、父母育儿假等，为男女职工提供照护子女、老人和病人的支持。

五、工作安排友好

用人单位根据职工需求和本单位实际，在符合法律法规规定的前提下，为职工提供弹性和灵活的工作时间及地点，比如错峰上下班、调整工作时间、居家或远程办公等，使职工增加安排工作的自主性，能兼顾家庭责任和个人生活。允许职工紧急休假，以帮助职工承担起紧急的照护责任。

六、职业健康友好

用人单位应关爱职工职业健康，遵守女职工禁忌从事的劳动范围规定，减少职业因素对生殖健康的影响，营造支持性和舒适性的工作环境。制定职业安全卫生检查清单，并定期检查，发现问题及时解决。

思考题：

1. 促进工作场所性别平等对用人单位有什么意义？
2. 工会可以通过开展哪些工作促进工作场所性别平等？
3. 如何理解家庭友好型工作场所？

第六章　女职工关爱服务

习近平总书记在党的二十大报告中强调，要增进民生福祉，提高人民生活品质，必须坚持在发展中保障和改善民生，鼓励共同奋斗创造美好生活，不断实现人民对美好生活的向往。近年来，特别是国家生育政策调整后，女职工在劳动就业、生育保障、特殊劳动保护等权益实现方面，出现一些新情况新问题。各级工会女职工组织坚持以职工为中心的工作导向，及时回应女职工多样化需求，积极推进工会爱心托管服务、用人单位爱心托育服务、女职工“两癌”筛查，加强女职工心理疏导和人文关怀，做好“会聚良缘”工会婚恋交友服务、“六一”国际儿童节慰问等关爱服务工作。

第一节　工会爱心托管服务

为贯彻落实党中央关于优化生育政策的各项决策部署，按照全国总工会党组、书记处关于帮助女职工解决生育后顾之忧工作要求，针对职工子女课后、假期“托管难”问题，从 2018 年开始，全国总工会女职工委员会积极倡导和推动各地工会开展爱心托管服务工作，更好地为职工办实事、做好事、解难事。

一、工会爱心托管服务背景及探索

随着中国社会经济的快速发展，大量劳动力参与到社会劳动中，家庭对子女的照顾功能减弱，家长的替代性照顾需求上升，学生放学放假后的托管问题受到了社会的广泛关注。

为帮助职工解决学龄儿童放学放假与家长上下班时间不匹配的“时间差”问题，一些地方和基层工会急职工之所需，主动谋划，积极作为，为帮助解决青年职工生育后顾之忧做了托管服务初步探索。北京、上海等地工会自2014年起实施“职工子女亲子工作室”“职工子女暑期托管班”等服务项目，主要采取地方工会支持、职工单位（或街道社区）工会运作、社会组织参与的运行方式，开展内容丰富、形式多样的托管服务，为全国提供了可复制可推广的经验。福建省总工会积极协调省教育厅、财政厅、人社厅、民政厅，着力推进以中小学校为主渠道开展课后服务，为工会组织源头参与推动课后服务提供了有益借鉴。浙江、重庆、四川等地工会依托学校、社区等举办“430活动中心”“430课堂”，解决职工子女放学后无人照看的实际困难。一些基层工会积极整合本单位和社会资源，组织托管班孩子开展丰富多彩、寓教于乐的社会实践活动，为孩子们开拓视野、增长见识创造条件，受到职工及子女的普遍欢迎。

二、推进工会爱心托管服务的主要举措

在全国总工会党组、书记处大力支持下，全国总工会女职工委员会在总结地方工会和用人单位举办职工子女托管班的有益经验基础上，通过开展专题调研、召开推进会、开展全国工会爱心托管班推荐申报等推进工会爱心托管服务工作。

（一）开展生育政策调整后如何帮助青年职工解决生育后顾之忧专题调研

为全面了解广大青年职工在生育政策调整后的意愿诉求和后顾之忧，按照全国总工会党组、书记处要求，全国总工会女职工部、权益保障部、基层工作部、中国教科文卫体工会、中国财贸轻纺烟草工会于2017年7月至8月在全国组织开展了关

于生育政策调整后如何帮助女职工解决生育后顾之忧的专题调研。调研分别在1370家不同所有制类型、不同规模层次用人单位，组织92794名青年职工进行了问卷调查，全面分析了青年职工生育的后顾之忧，认真梳理了工会帮助青年职工解决生育后顾之忧的主要做法，从国家和工会角度提出了不断健全生育保障法律政策、加快完善生育配套公共服务、切实帮助青年职工解决子女托幼托管困难等意见建议。

（二）印发职工子女托管服务相关操作手册

2018年2月，全国总工会女职工委员会总结推广北京、福建等地开展职工子女托管服务的经验做法，整理完善相关管理制度，细化工作流程，印发《工会职工子女暑期托管班操作手册》、《职工子女课后服务操作手册》。

（三）召开全国工会推动解决女职工生育后顾之忧工作现场推进会

2018年5月31日，召开全国工会推动解决女职工生育后顾之忧工作现场推进会，研究部署新形势下做好女职工维权服务工作的新举措。会议研究分析了解决女职工生育后顾之忧的重要性和必要性，总结推广了部分地方和基层工会开展职工子女课后及寒暑假托管服务的经验做法，并对各级工会女职工组织进一步提高女职工生育后顾之忧的认识提出了要求。

（四）开展全国工会爱心托管班推荐申报工作

从2018年开始，全国总工会女职工委员会以积极稳妥、因地制宜为原则，开展了全国工会爱心托管班推荐申报工作。在推荐对象上明确场地设施、食品安全、疫情防控、管理制度、人员规模等申报要求，在推荐过程中遵循自下而上、逐级把关、实地审核、择优推荐的工作要求，并强调“谁主办、谁负责”原则，加强过程监督。经过推荐、审核、评审、公示等环节，分别确定了141个、235个、158个托管班为全国工会爱心托管班，全国总工会共下拨2011万元专项资金，用于对全国工会爱心托管班的补助，为各地做好托管工作提供了资金支持和工作助推。

（五）推动托管服务工作稳妥规范开展

积极推动各地加强源头参与，争取党政支持，推动将职工子女托管服务纳入政府为民办实事项目，推动教育部门落实以中小学校为主渠道解决课后服务问题，鼓励用人单位使用职工福利费和工会经费，以购买服务方式，实施项目化运作、社会化推进、专业化管理，提高职工子女托管服务的专业化水平。针对怎么建、如何管，推动加强顶层设计，制定制度标准，重点解决托管模式、资金来源、规范管理等问题，提高职工子女托管服务的标准化水平。

三、社会反响

在全国总工会积极倡导下，各地工会主动作为、大胆探索，明确工作定位，开展了各具特点的托管服务，推动职工子女托管服务工作稳妥、有序、规范发展，受到各级党政、社会有关方面的高度肯定，受到广大职工及其家庭的普遍欢迎。全国各级工会累计举办工会爱心托管班1.5万场次，服务职工子女近50万人。

在实地调研中，地方工会干部和广大职工群众普遍认为，工会爱心托管服务工作坚持需求导向和问题导向，十分契合女职工及其家庭的实际需求，工会主办或联办的托管班具有安全保障，设计的课程适合孩子的兴趣需求，收费标准低或免费，希望托管班能够持续举办下去。在福建省总工会开展的“改革开放40周年福建工会最具影响力十件大事”评选中，“四点半钟学校”入选福建工会最具影响力十件大事。上海市总工会开展的“实事项目征集活动”中，网民支持举办托管班的占15.2%，位居总排名第二位。

第二节　用人单位爱心托育服务

党的二十大报告指出，优化人口发展战略，建立生育支持政策体系，降低生育、养育、教育成本。《中共中央 国务院关于优化生育政策促进人口长期均衡发展的决定》明确指出，支持有条件的用人单位为职工提供托育服务。作为这一任务的牵头单位，全国总工会坚决贯彻落实党中央重大决策部署，着力满足新时代职工群众需求，积极推进用人单位托育服务工作，协同有关方面积极帮助解决职工托育难题，激发“生”的意愿、解决“育”的难题和减轻“养”的负担，解除职工生育后顾之忧。

一、开展用人单位托育服务工作的重要意义

（一）落实党中央重大决策部署、发展普惠托育服务体系的必然要求

《中共中央 国务院关于优化生育政策促进人口长期均衡发展的决定》明确将发展普惠托育服务体系列为配套积极生育支持措施之一。用人单位托育服务是普惠托育服务体系不可或缺的重要组成部分，是扩大惠普托育供给的有效载体，不仅解决了职工子女入托难题，而且送托安全可靠便利，是实现党政所需、工会所能、职工所盼多方共赢的重要举措。

（二）坚持以职工为中心工作导向、竭诚服务职工群众的必然要求

有关调查显示，近半数受访职工的3岁以下子女由母亲负责照护，在职女职工普遍面临生育和职业发展的两难选择。更

多受访职工希望用人单位建立托育机构，能够实现“带娃上班”，但由于各种原因，所在单位为职工建立托育机构还为数不多，用人单位提供托育服务严重滞后于职工现实需求。

（三）用人单位积极履行社会责任、构建和谐劳动关系的必然要求

拓展用人单位托育服务项目，不断满足职工新期待，不仅解决职工后顾之忧，有力促进职工队伍稳定、构建和谐劳动关系，而且还激发职工工作热情和创造活力，提高职工工作效率和劳动生产率，为用人单位创造价值。

二、工会推进用人单位托育服务工作的主要举措

（一）加强顶层设计

2022 年 2 月，全国总工会召开全国工会系统女职工工作会议，对开展托育服务工作做出了部署安排。2022 年 4 月，中华全国总工会印发《关于加强新时代工会女职工工作的意见》，明确基层工会开展的托育服务所需经费，可以从工会经费中列支，明确要求各级工会要落实国家生育政策及配套支持措施，支持有条件的用人单位为职工提供托育服务，推动将托育服务纳入职工之家建设和企业提升职工生活品质试点工作。全国总工会女职工部还编制了《创建家庭友好型工作场所指导手册》，倡导用人单位在工作场所为职工提供福利性托管、托育等照护服务。

（二）开展专题调研

2021 年 10 月，全国总工会女职工委员会在全国 15 个省（区、市）开展了用人单位提供托育服务专题调研，组织发放职工、用人单位、托育机构三类调查问卷，收回有效问卷近 6 万份，并围绕人口现状和鼓励生育政策等进行国际比较研究，分析总结了现有的医教结合、园区集中托育、与社区合作、托

幼一体化、企业+第三方服务等用人单位提供托育服务模式，提出了建立行业标准进行动态评定、建立智慧托育数据平台、提升托育服务人员专业水平等意见建议，并提出了工会组织推动托育服务工作的意见建议。

（三）开展全国爱心托育用人单位推荐申报工作

2022 年 7 月，全国总工会办公厅、国家卫生健康委办公厅联合印发了《关于推荐申报 2022 年全国爱心托育用人单位的通知》，从高度重视、管理科学、安全保障、价格可接受、具有典型性或创新性等五个方面明确了推荐条件，从而带动和支持有条件的用人单位为本单位职工举办托育机构、提供托育服务，形成一批可复制、可推广的典型经验，发挥示范引领作用。为更好支持用人单位开展普惠托育服务，对推荐申报成功的用人单位及相关工会组织，给予一定的政策和资金支持。全国共有 189 家用人单位参与申报，75 家被公布为 2022 年全国爱心托育用人单位。

（四）召开用人单位提供托育服务工作推进会

2022 年 7 月，全国总工会、国家卫生健康委联合召开用人单位提供托育服务工作推进会，总结工作经验，解读托育服务相关政策要求，部署 2022 年全国爱心托育用人单位推荐申报工作，推动和支持有条件的用人单位为职工提供托育服务。

（五）加强政府部门、群团组织和社会力量的工作协同

2022 年 8 月，全国总工会、国家卫生健康委等 17 部门联合发布了《关于进一步完善和落实积极生育支持措施的指导意见》，要求落实政府、用人单位、个人等多方责任，营造婚育友好社会氛围。推动各地积极争取党委和政府支持指导，压实各级工会责任，充分调动各方力量，加强正面宣传，强化示范引领，努力营造全社会重视、支持用人单位托育服务的良好氛围。

三、工会推进用人单位托育服务工作要求

（一）积极争取政府支持指导，形成工作合力

各级工会要大力宣传相关配套政策，积极争取政府有关部门在规划、土地、住房、财政、税费、人才等方面的支持措施，推进建设一批成本可负担、方便可及的用人单位托育服务机构。按照国家卫健委《托育机构设置（试行）》和《托育机构管理规范（试行）》等有关文件要求，推动用人单位建立专业化、规范化托育机构，做好托育机构登记和备案管理，推动用人单位托育服务规范发展。

（二）压实各级工会责任，积极主动作为

各级工会要在党委领导和政府支持下，主动开展工作，把推进用人单位托育服务工作列入工会工作重要议事日程。认真开展调查研究，制定用人单位托育服务专项工作方案，加大人力、物力、财力投入，加强工作指导、加强跟踪问效，做好全国爱心托育用人单位推荐申报工作，推动有条件的用人单位创建家庭友好型工作场所。基层工会要更好发挥职工代表大会作用，积极推动和参与本单位开展托育服务，并推动将开展用人单位托育服务相关内容纳入集体合同和女职工权益保护专项集体合同。积极督促用人单位坚持“谁举办、谁负责”原则，规范办托行为，承担依法登记、备案承诺、履约服务、质量安全、应急管理、消防安全等主体责任，把婴幼儿安全和健康放在首位。

（三）充分调动各方力量，营造良好社会氛围

大力宣讲国家支持托育服务的相关政策，推动顶层设计与基层创新良性互动、有机结合，充分调动第三方组织以及社会各界多方参与的积极性，积极培育更多富有特色、具有创新意

义的基层经验和托育模式。充分利用工会系统报刊、网站、“三微一端”等宣传阵地开展集中报道，及时宣传推广各地工作进展、典型经验做法，加强正面宣传，强化示范引领，对工作中表现突出的单位在评先评优中予以倾斜，努力营造全社会重视、支持用人单位托育服务的良好氛围。

第三节　“会聚良缘”工会婚恋交友服务

近年来，全国总工会女职工委员会积极倡导各级工会女职工组织利用“七夕”等重要时间节点，因地制宜，线下线上举办多样化、多形式、各具地方特色的职工联谊交友活动，上下联动，合力打造“会聚良缘”工会婚恋交友服务品牌，引导单身职工树立正确的人生观、婚恋观，帮助解决单身职工的操心事、烦心事。

一、开展“会聚良缘”工会婚恋交友服务工作背景及意义

习近平总书记在党的二十大报告中指出，要实现好、维护好、发展好最广大人民根本利益，紧紧抓住人民最关心最直接最现实的利益问题，坚持尽力而为、量力而行，深入群众、深入基层，采取更多惠民生、暖民心举措，着力解决好人民群众急难愁盼问题。

党的十八大以来，党和国家从实际出发，高度重视青年的婚恋问题。2017 年 4 月，中共中央、国务院印发《中长期青年发展规划（2016—2025 年）》，专章提出青年婚恋工作，加强青年婚恋观、家庭观教育和引导，切实服务青年婚恋交友，明确要求“充分发挥工会、共青团、妇联等群团组织和社会组织的作用，为青年婚恋交友提供必要的基础保障和适合青年特点的便利条件”。2021 年 6 月，《中共中央 国务院关于优化生育

政策促进人口长期均衡发展的决定》明确提出，顺应人民群众期盼，积极稳妥推进优化生育政策，促进生育政策协调公平，满足群众多元化的生育需求，将婚嫁、生育、养育、教育一体考虑，切实解决群众后顾之忧，释放生育潜能，促进家庭和谐幸福。

近年来，随着工作生活节奏加快、生活压力增加，适龄青年社交圈变窄，成为社会的普遍现象，青年职工婚恋状况已成为影响青年职工群体生活品质、家庭幸福生活的不容忽视的重大问题。工会作为职工的“娘家人”，全国总工会高度重视青年职工婚恋交友问题，深入贯彻落实党中央决策部署，充分发挥工会组织优势，积极推动解决适龄职工交友难、婚恋难问题，满足青年职工的婚恋需求，将“婚恋交友服务”作为精准关爱、提高职工生活品质的重要任务，推动各地积极为青年职工婚恋交友提供必要的基础保障和适合青年特点的便利条件，指导各级工会积极组织职工婚恋交友服务活动，帮助青年职工解决操心事、烦心事，提升青年职工的幸福感、获得感、满足感。2015 年，全国总工会女职工委员会提出深入实施“女职工关爱行动”，将“婚恋服务”作为关爱服务职工的重要内容进行部署。2020 年，为认真落实中共中央、国务院关于积极生育支持政策配套措施，在总结地方工会开展工会婚恋服务活动有益经验基础上，全国总工会女职工委员会提出要上下联动，合力打造“会聚良缘”工会婚恋交友服务品牌。

二、开展“会聚良缘”工会婚恋交友服务的特点特色

（一）突出信息真实性

工会开展的婚恋服务活动，充分发挥工会组织优势，基于全面准确的会员信息数据库，通过职工信息实名注册、审核、

录入，逐级对用户资料真实性进行验证审核，积极搭建安全可靠的婚恋交友平台。

（二）突出活动公益性

工会婚恋交友活动以服务职工为宗旨，以公益性为原则，建立信息真实、交友免费、立体服务、高信誉度的公益性工作机制，各地通过举办鹊桥会、开展联谊活动、搭建网上交友平台等形式，为单身职工解决婚恋问题提供多样化服务。

（三）突出服务精准性

工会组织大力推动线上线下融合服务模式，将婚恋服务内容从单一化、碎片化到多元化、精准化转变，服务手段从线下为主到线上线下互动融合转变，打造信息互通、安全可靠、资源共享的职工交友平台。职工可以轻松、快捷参与工会婚恋交友活动，更能高效、精准匹配到喜欢的对象，最大限度地提高婚恋匹配效率，为单身职工提供看得见、找得到、有人气的工会服务。

三、开展“会聚良缘”工会婚恋交友服务的主要举措及成效

（一）强化顶层设计

在全国总工会党组、书记处的高度重视下，全国工会系统女职工工作会议和全国总工会女职工委员会七届四次会议均将婚恋交友服务作为重点工作进行了部署安排，并在2022年出台的《中华全国总工会关于加强新时代工会女职工工作的意见》中明确提出，深化工会婚恋交友服务，开展更加符合职工需求及特点的婚恋交友活动，做优做强“会聚良缘”等特色品牌。

（二）举办示范性职工交友联谊活动

2020年“七夕”期间，全国总工会女职工部联合中央广播电

视总台视听新媒体中心，共同举办“会聚良缘·相约七夕”全国工会婚恋服务展示活动，通过现场直播和视频展播等形式，直观鲜活地呈现出各级工会竭诚做好单身青年职工婚恋服务的工作成果，共吸引 18.87 万人次观看，现场直播活动全网播放量超 173 万人次，形成广泛的宣传和推动效应。2022 年全国总工会女职工委员会在京举办 2 场“会聚良缘”工会职工交友联谊示范活动，2023 年 3 月，在四川成都举办“会聚良缘·职工婚恋”全国工会职工交友联谊展示活动。总结带动推出各地典型模式和经验做法，推动工会婚恋交友服务工作常态化、制度化、品牌化开展。

（三）推动各地因地制宜开展婚恋服务活动

针对单身职工婚恋难问题和婚恋观多元化现状，积极引导单身职工树立正确的人生观、择偶观、婚恋观，积极通过举办联谊交友活动、成立红娘团队、建设职工交友联谊平台等形式，为单身职工搭建安全可靠的婚恋交友平台，依托互联网开展线上线下婚恋服务活动，同时为单身职工提供了看得见、摸得着、有人气的暖心服务。

（四）联合开展戍边青年民警婚恋服务工作

全国总工会与国家移民管理局、共青团中央、全国妇联联合印发《关于做好国家移民管理机构戍边青年民警婚恋工作的通知》，通过加强思想教育引导、树立良好社会形象、打造线上服务平台、拓展婚恋服务渠道、营造可靠暖心环境等举措，积极构建覆盖面广、协同联动的工作局面，形成关心青年婚恋、促进青年成长的良好氛围，打造“边守·边爱”戍边青年民警婚恋工作品牌。

在全国总工会女职工委员会积极倡导下，各地工会创新工作方式，利用“七夕”等时间节点举办鹊桥会、开展联谊活动、搭建网上交友平台等，使婚恋交友更加高效便捷、安全可靠，受到广大青年职工的欢迎和好评。据不完全统计，2021年“会聚良缘”工会婚恋交友服务品牌吸引全国近100万名单身职工参与，促成2.2万对职工成功牵手。

第四节　女职工心理健康服务

近年来，各级工会组织坚持以职工为中心的工作导向，深入实施“女职工关爱行动”，广泛开展女职工心理健康服务工作，加强对女职工的心理疏导和人文关怀，通过培训一批指导师、建立一批咨询室、开通一批咨询热线、推荐一批辅导读物、举办一批健康讲座等，进一步提升工会组织服务职工影响力，受到地方党政和职工群众的普遍赞誉。

一、开展女职工心理健康服务工作的背景和意义

党中央、国务院历来高度重视人民群众的心理健康服务工作。习近平总书记在2016年的全国卫生与健康大会上强调，要把人民健康放在优先发展战略地位，努力全方位全周期保障人民健康。针对心理健康服务方面，习近平总书记指出，要加大心理健康问题基础性研究，做好心理健康知识和心理疾病科普工作，规范发展心理治疗、心理咨询等心理健康服务。特别是新冠肺炎疫情暴发以来，习近平总书记更是多次指示和批示，强调要加强心理干预和疏导、有针对性做好人文关怀工作。

《“健康中国2030”规划纲要》提出了健康优先、改革创新、科学发展、公平公正的原则，以提高人民健康水平为核心，把健康摆在优先发展的战略地位，将促进健康的理念融入公共政策制定实施的全过程，实现健康与经济社会良性协调发展。在心理健康方面强调，要加强心理健康服务体系建设和规范化管理。加大全民心理健康科普宣传力度，提升心理健康素养。

加强对抑郁症、焦虑症等常见精神障碍和心理行为问题的干预，加大对重点人群心理问题早期发现和及时干预力度。

二、开展女职工心理健康服务工作的紧迫性

女职工是工人阶级的重要组成部分。女职工的心理健康问题已成为当前乃至未来影响经济社会发展的重要公共卫生问题之一。

随着社会进步和科技发展，女职工在不同行业和职业中所占比例越来越大，已成为我国经济社会发展的重要生力军。越来越多的女职工从单一角色向多重角色转化，多重角色集于一身形成了“女性社会角色丛”现象，加剧了女性角色冲突，包括角色外冲突（不同角色之间的冲突）、角色间冲突（同一角色扮演者所扮演的不同角色之间的冲突）、角色内冲突（同一角色内部的矛盾）。由于其生理特征、社会角色等因素，在工作和生活上、职场和家庭中承受的内外压力更为复杂，使得女职工心理健康风险日益增大。

有关数据显示，目前职业女性群体中有近1/3的女性存在一定程度的心理健康问题，86.2%的女职工感到有工作压力，而这些女职工以中青年、育龄期女性为主。从职业相关因素看，主要有工作时间过长，工作任务过重，工作生活矛盾冲突等。从其他因素看，主要有经济压力、子女教育问题、自身健康问题等，经济压力困扰占36.7%、子女教育问题占35.6%、健康问题占31.8%、家中老人照顾问题占19.9%、人际关系问题占10.6%等。

同时由于早期的女职工心理问题不易被察觉，或涉及个人隐私问题不愿意承认，女职工有时未能真实反映自己的家庭问题及内心的困扰。并且由于缺乏对心理健康问题的正确专业判断，女职工出现心理健康问题时难以引起足够重视，造成女职工心理健康服务难度更大，更加剧了女职工心理健康问题。

三、工会开展女职工心理健康服务工作的主要做法及成效

（一）强化顶层设计，不断提升女职工心理健康水平

工会组织作为心理健康服务的重要推动力量，近年来认真学习贯彻党中央关于加强社会服务心理体系建设的重要决策部署，贯彻落实习近平总书记关于心理健康服务工作的重要讲话精神，持续加大对职工心理健康服务工作的重视和推动力度。2015 年，全国总工会女职工委员会下发《关于深入实施“女职工关爱行动”的通知》，明确提出对女职工开展心理抚慰和心理疏导等服务，不断提升女职工的心理健康水平。2016 年，全国总工会与国家卫计委等 22 家单位联合下发了《关于加强心理健康服务的指导意见》，明确了加强心理健康服务的重要意义、总体要求和具体举措，为推进职工心理健康服务工作进一步指明了方向。2018 年，中国工会十七大报告明确指出，要注重对职工的人文关怀和心理疏导。2019 年，全国总工会女职工委员会七届一次会议工作报告指出，要拓展“女职工关爱行动”内容，组织开展女职工心灵护航行动、女职工绿色健康健步走活动等，以深入细致、精准多样的服务赢得女职工的信赖和支持。2022 年，《中华全国总工会关于加强新时代工会女职工工作的意见》明确提出要加强女职工人文关怀和心理疏导工作。

（二）坚持上下联动，加强心理健康服务体系建设

在全国总工会女职工委员会的大力倡导下，各级工会女职工组织将心理健康服务工作作为服务女职工的重要抓手，加大工作力度、敢于担当作为，通过下发相关文件、召开专门会议、制定工作方案，推动形成“党政支持、工会主导、企业参与、上下联动”的工作格局，同时加大阵地建设、人才队伍建设，逐步建立疏导干预、志愿服务等工作机制，努力构建女职工心

理健康服务体系。四川省总工会在全省开展了“职工心灵驿站”建设工作，并按照1万元/个的标准进行配套支持，已建成“职工心灵驿站”上千家，惠及职工510余万人。湖北、湖南等地工会大力推进全省范围内职工心理关爱服务，着力建设职工心理关爱服务长效机制，探索形成了工会对职工开展心理辅导、心理干预、心理援助和心理健康管理的工作模式，有力推动了女职工心理健康服务工作。

（三）注重因地制宜，线上线下联合开展心理健康服务

各级工会女职工组织针对女职工需求，因地制宜，线上线下相结合开展了心理知识普及、心理体检、心理公益讲座、心理咨询、心理热线与心理危机干预等女职工心理健康服务工作，帮助基层女职工缓解因职场压力、婚姻家庭、亲子教育等带来的心理问题，受到女职工的广泛欢迎和好评。河北、安徽、湖南等地工会通过举办职业女性大讲堂、开展心理知识讲座、开通心理关爱热线和信箱、个体心理咨询、团体心理辅导等，为女职工提供心理抚慰和疏导服务。

（四）聚焦同心抗疫，充分发挥心理健康服务战时作用

面对新冠肺炎疫情，全国总工会女职工委员会及时发出《致全国各级工会女职工组织和广大女职工的倡议书》，大力号召加强思想政治引领，关心关注女职工心理健康，并发出关于疫情防控期间协商安排孕期、哺乳期女职工居家远程办公、灵活安排休假及工作时间等方面的工作建议。各地工会女职工组织按照全国总工会要求，有针对性地开展服务保障、困难帮扶等工作，并注重关心女职工特别是抗疫一线女职工、感染新冠病毒女职工的心理健康，为广大女职工提供来自“娘家人”的坚强支撑和人文关怀。

（五）拓宽服务范围，为心理健康服务提供辅助支持

近年来，全国总工会女职工委员会主动适应女职工在精神

文化、身心健康以及平衡工作和家庭等方面的多样化、差异化需求，推动各地持续开展“女职工关爱行动”，着力提升女职工的获得感、幸福感、安全感。吉林、河南、湖南等地工会大力推进“培育好家风——女职工在行动”主题实践活动，推动各地开展家庭教育指导服务，通过线上线下专题讲座、教育培训、咨询指导等形式，为女职工及家庭提供婚姻指导、心理咨询、子女教育等服务，指导女职工做好婚育压力与情绪管理。山东、湖北、新疆、金融系统等工会抓住“三八”妇女节、中华民族传统节日以及“教师节”“护士节”等特定职业节日，组织开展有针对性的、特色鲜明的女职工家庭文化建设和各类插花、瑜伽、舞蹈等文体活动，积极营造良好身心健康工作氛围。

第五节　“六一”国际儿童节关爱服务

儿童是祖国的未来、民族的希望。作为国务院未成年人保护工作领导小组成员单位之一，近年来全国总工会指导各地工会组织利用“六一”国际儿童节等节点，根据职工家庭和子女需求，积极组织开展“六一”国际儿童节关爱帮扶、走访慰问、亲子教育、家风家教宣传等多种形式的关爱活动。

一、关爱服务对象

关爱服务对象主要是职工子女特别是较为困难职工家庭子女、新就业形态劳动者子女、农村留守儿童和困境儿童等群体。通过关怀帮扶，将党的温暖和工会组织的关爱送到广大职工及其子女身边，引导广大职工子女从小听党话、感党恩、跟党走，厚植爱党爱国爱社会主义情怀，努力成长为中国特色社会主义事业建设者和接班人。

二、工会开展"六一"国际儿童节关爱活动主要做法

（一）精心组织安排，促进关爱工作有效落实

各级工会高度重视，积极拓宽慰问活动资金的筹集渠道，因地制宜地制定活动计划，紧密结合困难女职工家庭和少年儿童成长实际，探索关爱新模式，扩大关爱范围，统筹策划，精准实施，广泛开展形式多样的关爱活动，切实为困难职工家庭和特殊困境儿童送去温暖和关爱。

（二）开展宣传教育，营造重视儿童社会氛围

以庆祝"六一"国际儿童节为契机，加大对少年儿童的维权宣传，多种形式宣传《义务教育法》、《未成年人保护法》等保护儿童的政策、法律、法规等知识，为广大少年儿童健康成长提供坚强的社会保障和文化氛围，帮助家长树立正确、科学的育人观，从而保护未成年人的合法权益，更好地助力少年儿童的健康成长。

（三）心系儿童成长，注重思想道德教育

各级工会女职工组织大力开展社会主义核心价值体系和各类道德实践教育活动，通过组织多种形式的学习、激励、教育、关爱等活动，积极营造有利于青少年儿童健康成长的社会文化环境和氛围，让青少年儿童度过一个快乐而有意义的节日，教育引导广大少年儿童学习中华优秀传统文化和继承艰苦奋斗光荣传统，培养少年儿童树立爱国、诚信、友善等良好道德品质。

（四）开展丰富多彩的文体活动

各地工会组织广泛开展庆"六一"文艺展演活动，让少年儿童通过舞蹈、诗朗诵、乐器展演、武术等不同形式的表演，展现新时代健康向上的精神风貌。各级工会通过举办形式多样的关爱活动，促进少年儿童珍惜当下美好生活，不辜负党和国

家的殷切期望，不辜负父母的厚爱，树立远大理想，养成优良品德，培养过硬本领，历练健康身心，在校做好学生，在家做好孩子，在社会上做文明的小公民。

第六节　女职工“两癌”筛查

女性健康关系着一个民族的未来，而乳腺癌、宫颈癌是威胁女性生命健康的两大主要杀手，位居女性易患肿瘤前列。通过开展“两癌”检查，可以做到早发现、早诊断、早治疗，对于保障女职工生殖健康具有重要意义。党和政府历来高度重视妇女健康，将“两癌”防治工作作为保护妇女权益、促进妇女发展的重要工作。近年来，各级工会组织充分认识加强女职工“两癌”筛查工作的重要意义，切实增强责任感和使命感，扎实开展女职工“两癌”筛查工作，努力使广大女职工得实惠、普受惠，不断提高女职工健康水平。

一、法律法规政策依据

《女职工保健工作规定》明确规定用人单位应对女职工定期进行妇科疾病及乳腺疾病的查治，《“健康中国 2030”规划纲要》明确提出提高妇女常见病筛查率和早诊早治率，《健康企业建设规范（试行）》明确要求将妇科和乳腺检查项目纳入女职工健康检查。《妇女权益保障法》第三十一条明确规定，用人单位应当定期为女职工安排妇科疾病、乳腺疾病检查以及妇女特殊需要的其他健康检查，为此项工作的开展提供了法律依据。《加速消除宫颈癌行动计划（2022—2030 年）》对加强女职工宫颈癌筛查服务提出明确要求。

二、工会组织推动女职工“两癌”筛查工作举措

2021年全国总工会办公厅、国家卫生健康委办公厅下发《关于加强女职工“两癌”筛查工作的通知》，要求各地工会和卫生健康行政部门要切实提高思想认识，加强部门协作，积极整合资源，形成工作合力，多措并举积极推进女职工“两癌”筛查工作。主要包括以下内容。

（一）广泛开展“两癌”防治知识宣传教育普及活动

各地工会和卫生健康行政部门要将“两癌”防治知识纳入公共卫生宣传和职工教育培训内容，面向社会、面向用人单位和职工广泛开展“两癌”筛查宣传和防治知识普及活动。帮助用人单位了解自身法律义务和社会责任，依法定期开展“两癌”筛查。不断提高女职工“两癌”防治知识知晓率，使她们充分认识到“两癌”早发现、早诊断、早治疗对自身健康的重要意义，从“要我查”变成“我要查”，积极参与“两癌”筛查。

（二）依法推动用人单位对女职工定期进行“两癌”筛查

各地工会和卫生健康行政部门要大力推动用人单位履行法律义务，执行相关法律法规规定。各地工会要积极推动将“两癌”筛查纳入集体合同及女职工权益保护专项集体合同条款，紧密依托工会劳动法律监督制度，通过提示函、工会劳动法律监督意见书、工会劳动法律监督建议书等，监督用人单位定期组织女职工进行“两癌”筛查。各地卫生健康行政部门要积极为用人单位开展女职工“两癌”筛查提供专业指导和技术支持，确保女职工“两癌”筛查工作的规范性。

（三）积极开展公益性“两癌”筛查服务

各地工会和卫生健康行政部门要积极推动将女职工“两

癌”筛查纳入地方政府民生实事项目，纳入工会实事项目。有条件的地方工会要积极争取通过设立专项资金、整合社会资源等方式，重点面向困难企业女职工，女性货车司机、跟车“卡嫂”、女性网约车司机、女性快递员、女性外卖送餐员等新就业形态女性劳动者，女性护工护理员、女性家政服务员、女性环卫工人等群体，通过购买服务等途径会同卫生健康行政部门开展公益性“两癌”筛查服务。

（四）倾情开展关爱帮扶工作

各地工会要积极关心关爱罹患“两癌”女职工，进一步加大帮扶服务力度，帮助她们解决生活困难。充分发挥工会职工互助保障组织作用，积极开展女职工特殊疾病互助保障及帮扶救助工作。广泛开展“两癌”防治知识宣传教育普及活动、依法推动用人单位为女职工定期进行“两癌”筛查，推动开展重点面向困难企业女职工、新就业形态女性劳动者等群体的公益性“两癌”筛查服务，积极开展关爱帮扶工作，共同推动女职工“两癌”筛查应查尽查，确保筛查质量。

为更好地推动女职工“两癌”筛查工作，2021 年，全国总工会发起设立“关爱女职工专项基金”，2021 年为 10 万余名困难企业女职工、新就业形态女性劳动者赠送女职工特殊疾病互助保障和“两癌”筛查服务；2022 年，全国总工会党组批准将 800 万元专项经费以捐赠方式注入“关爱女职工专项基金”，与中国职工发展基金会配套的 200 万元（合计 1000 万元）共同专款用于 2022 年女职工“两癌”筛查服务活动。在全国总工会的示范带动下，各地工会立足工会所能、职工所盼，推动“两癌”筛查常态化、长效化开展，不断扩大“两癌”筛查受益人群和覆盖范围。

思考题：

1. 工会组织采取了哪些措施推进工会爱心托管服务工作?

2. 简述工会组织开展用人单位托育服务工作的重要意义和工作要求。

3. 结合工作实际，谈谈开展“会聚良缘”工会婚恋交友服务的主要特点及工作举措。

4. 工会组织从哪几方面推动女职工“两癌”筛查工作?

第七章　家庭家教家风建设

党的二十大报告指出，实施公民道德建设工程，弘扬中华传统美德，加强家庭家教家风建设，加强和改进未成年人思想道德建设，推动明大德、守公德、严私德，提高人民道德水准和文明素养。《中国妇女发展纲要（2021—2030 年）》中指出，树立新时代家庭观，弘扬爱国爱家、相亲相爱、向上向善、共建共享的社会主义家庭文明新风尚，推动社会主义核心价值观在家庭落地生根；充分发挥妇女在家庭生活中的独特作用，弘扬中华民族家庭美德、树立良好家风，支持妇女成为幸福安康家庭的建设者、倡导者；倡导和支持男女共担家务，缩小两性家务劳动时间差距。

女职工是工人阶级的重要组成部分，是妇女群众的中坚力量，在家庭生活中扮演着多重角色。各级工会组织积极开展“培育好家风——女职工在行动”主题实践活动，引导广大职工自觉践行社会主义核心价值观，争做伟大事业的建设者、文明风尚的倡导者、敢于追梦的奋斗者。

第一节　注重家庭家教家风建设

家庭是社会的基本细胞，家庭的前途命运同国家和民族的前途命运紧密相连。党的十八大以来，以习近平同志为核心的党中央高度重视家庭家教家风建设，推动社会主义核心价值观在家庭落地生根，形成社会主义家庭文明新风尚，使千千万万个家庭成为国家发展、民族进步、社会和谐的重要基点。

一、“三个注重”重要论述

习近平总书记在2015年春节团拜会上深刻指出，不论时代发生多大变化，不论生活格局发生多大变化，我们都要重视家庭建设，注重家庭、注重家教、注重家风，紧密结合培育和弘扬社会主义核心价值观，发扬光大中华民族传统家庭美德，促进家庭和睦，促进亲人相亲相爱，促进下一代健康成长，促进老年人老有所养，使千千万万个家庭成为国家发展、民族进步、社会和谐的重要基点。

习近平总书记在2016年12月12日会见第一届全国文明家庭代表时发表重要讲话，指出无论时代如何变化，无论经济社会如何发展，对一个社会来说，家庭的生活依托都不可替代，家庭的社会功能都不可替代，家庭的文明作用都不可替代。

习近平总书记“三个注重”重要论述，从全局的战略高度，深刻揭示了家庭在党和国家事业中的重要地位和作用，深刻阐述了加强家庭建设的重大意义、目标任务和基本要求，是对中华民族优秀传统文化的发扬光大，是对社会主义核心价值观的大力弘扬，是对人民群众关切的积极回应。我们要以习近平总书记“三个注重”重要论述为指针，进一步增强历史使命感和工作责任感，以改革创新精神推进家庭文明建设工作，为好的家风支撑起好的社会风气，为使亿万家庭成为国家发展、民族进步、社会和谐的重要基点，为集聚实现中国梦的强大正能量作出新贡献。

二、家庭家教家风建设法规政策

党的十八大以来，在各地各部门的合力推动下，我国家庭家教家风建设法规政策不断建立健全，为加强家庭家教家风建设提供坚实保障。

《新时代公民道德建设实施纲要》明确提出“用良好家教家风涵育道德品行”，《民法典》确立“家庭应当树立优良家风，弘扬家庭美德，重视家庭文明建设”的原则性规定，为新时代家庭家教家风建设提供制度保障。

党的十九届四中全会提出“注重发挥家庭家教家风在基层社会治理中的重要作用”，“十四五”规划纲要首次设立“加强家庭建设”专节，党的十九届六中全会将“注重家庭家教家风建设”写入《中共中央关于党的百年奋斗重大成就和历史经验的决议》。

《中国妇女发展纲要（2021—2030 年）》和《中国儿童发展纲要（2021—2030 年）》，规划部署未来 10 年妇女儿童发展的目标任务，分别增加“妇女与家庭建设”和“儿童与家庭”内容，同时充实完善了支持家庭生育、养育、教育的政策措施。

中央文明委印发《关于深化家庭文明建设的意见》、《全国文明家庭评选标准和评选办法》等，对文明家庭创建活动和评选表彰作出规范；中宣部、中央文明办、中央纪委机关、中组部、国家监委、教育部、全国妇联联合印发《关于进一步加强家庭家教家风建设的实施意见》，以建设文明家庭、实施科学家教、传承优良家风为重点，强化党员和领导干部家风建设，突出少年儿童品德教育关键，加强教育引导、实践养成、制度保障，推动家庭家教家风建设高质量发展。中共中央印发的《中国共产党纪律检查委员会工作条例》明确将“家风家教”宣传教育纳入廉政教育内容。中共中央办公厅印发的《关于加强新时代廉洁文化建设的意见》明确要求把家风建设作为领导干部作风建设重要内容。

2022年1月1日起施行的《中华人民共和国家庭教育促进法》规定，未成年人的父母或者其他监护人负责实施家庭教育，同时规定了家庭教育工作联动机制、国家支持家庭教育的举措以及社会力量对家庭教育的协同任务。

三、新时代家庭家教家风建设的主要内容

新时代家庭家教家风建设以培育和践行社会主义核心价值观为根本，以建设文明家庭、实施科学家教、传承优良家风为重点，强化党员和领导干部家风建设，突出少年儿童品德教育关键，加强教育引导、实践养成、制度保障，推动家庭家教家风建设高质量发展，团结引领广大家庭成员增强“四个意识”、坚定“四个自信”、做到“两个维护”，牢固树立新时代家庭观，把爱家和爱国统一起来，把实现个人梦、家庭梦融入国家梦、民族梦之中，为全面建设社会主义现代化国家、实现中华民族伟大复兴中国梦汇聚磅礴力量。

第二节　女职工在家庭家教家风建设中的作用

数据显示，我国目前有4亿多个家庭。家庭家教家风建设既是家事，也是国事，关系个人健康成长、社会和谐稳定和国家繁荣发展。女职工既要履行好岗位职责，又要重视家庭建设，在家庭生活和社会生活中的地位和角色决定了她们在家庭家教家风建设中发挥着独特作用。

一、女职工在家庭中的地位及作用

（一）在融洽家庭关系上发挥了关键作用

家庭关系是最基本的社会关系之一，是基于婚姻、血缘或

收养关系而形成的亲属之间的关系。我国家庭关系轴心已由血亲纵向关系转变为夫妻横向关系，广大女职工在家庭中是夫妻和睦的保障者、科学教子的实施者、尊老爱幼的承担者、邻里互助的协调者，进一步促进了以家庭幸福和家庭成员自我实现为目标、以平等民主为特征的新型家庭关系的确立。

（二）为家庭文明建设提供了物质保障

家庭文明建设离不开家庭经济的基础支撑。女职工从事经济和社会活动，以工资形式增加家庭收入。与“男主外、女主内”的传统分工模式不同，女性已成为家庭经济收入的重要贡献者。

（三）在家庭文化建设中发挥了引导作用

家庭文化由家庭成员在长期的家庭生活中凝聚和创造，包括思想观念、价值取向、行为习惯、伦理道德等。广大女职工注重家庭教育、家庭学习，弘扬中华民族传统美德，在家庭文化建设中发挥了引导作用。

（四）在家庭管理和决策上发挥了重要作用

目前，从整体上看，我国家庭关系从传统走向现代，从男性家长专制转变为家庭民主决策，女性在家庭事务中拥有平等的发言权和决策权，通过管理家庭经济、家务劳动、家庭饮食、家庭安全、家庭生育等提高家庭生活品质，增强家庭成员素质，整体提升家庭幸福指数，在家庭管理和决策上发挥了重要作用。

二、充分发挥女职工在家庭生活中的独特作用

（一）促进家庭成员践行社会主义核心价值观

树立新时代家庭观，弘扬爱国爱家、相亲相爱、向上向善、共建共享的社会主义家庭文明新风尚，推动社会主义核心价值

观在家庭落地生根。加强教育引导、舆论宣传、文化熏陶、实践养成，宣传尊老爱幼、男女平等、夫妻和睦、勤俭持家、邻里团结等家庭美德，弘扬中华民族优秀传统家风、革命前辈红色家风、践行社会主义核心价值观的现代家风，营造平等、文明、和谐、稳定的家庭环境，实现共建共享的家庭追求，引导女职工和家庭成员自觉把家庭梦融入中国梦。

（二）引导家庭成员共同建设幸福家庭

运用生活化场景、日常化活动、具象化载体，引导家庭成员践行忠诚相爱、亲情陪伴、终身学习、绿色生态等现代家庭理念，升华爱国爱家的家国情怀、建设相亲相爱的家庭关系、弘扬向上向善的家庭美德、体现共建共享的家庭追求。鼓励女职工带领家庭成员积极参与文明家庭、五好家庭、最美家庭等群众性精神文明建设活动，参与绿色家庭创建，提升健康素养，践行绿色、低碳、循环、可持续的生活方式，养成勤俭节约的好习惯，杜绝浪费。

（三）促进夫妻共同承担家庭责任

构建男女平等、和睦、文明的婚姻家庭关系，倡导夫妻在家务劳动中分工配合，共同承担照料陪伴子女老人、教育子女、料理家务等家庭责任，缩小两性家务劳动时间差距。树立科学家庭教育理念，摒弃“重智轻德”等观念，掌握科学知识和方法，注重言传身教，关注未成年子女身心健康，提高家庭科学育儿能力。加强亲子交流，共同陪伴未成年子女成长。

（四）共同筑牢反腐倡廉的家庭防线

自觉把家风建设摆在重要位置，把对党忠诚纳入家庭家教家风建设，严格遵守党章党规党纪，带头廉洁治家，公私分明、亲清分开，严格家教家风，从严管好家属子女，经常监督、提醒、警示，教育督促他们遵纪守法、尽心尽责工作。当好“廉管家”、“廉内助”，夯实家庭廉基，处理好反腐倡廉与家庭助廉的关系，筑牢反腐倡廉的家庭防线，以纯正家风涵养清朗党风政风社风。

第三节　工会开展家庭家教家风建设的主要载体

全国总工会女职工委员会在充分论证和实地调研基础上，对工会女职工组织开展家庭家教家风建设工作进行了周密部署，以“培育好家风——女职工在行动”主题实践活动为主要载体，以“传承好家风”阅读宣讲活动、培树推荐宣传先进典型为主要内容，进一步鼓励基层创新创造，引导广大女职工自觉践行社会主义核心价值观，以良好家风引领社会文明新风。

一、“培育好家风——女职工在行动”主题实践活动

2015 年，在全国总工会女职工委员会六届二次会议上，要求“组织引导广大女职工在弘扬中华民族家庭美德、树立良好家风方面发挥独特作用，促进家庭建设”。4 月，全国总工会女职工委员会召开“发挥女职工在家庭建设中独特作用”座谈会，研究全国工会女职工组织如何围绕学习贯彻习近平总书记重要指示精神，动员引导广大女职工在家庭建设中发挥作用，找准开展家庭建设工作的切入点、着力点、活动载体和推进方式等问题。在座谈论证基础上，7 月下发了《关于开展“培育好家风——女职工在行动”主题实践活动的通知》，号召广大女职工积极参与家庭文明建设主题实践活动，在主题实践活动中发挥独特作用。

（一）开展教育培训引导活动

围绕夫妻和睦、尊老爱幼、科学教子、邻里互助等主要内容，通过举办大讲堂、专题讲座、报告会、交流会等形式，对

广大女职工进行教育培训引导，大力传播好家风好家训，宣传中华民族家庭美德和良好家风的时代内涵，传授女职工培育好家风、兼顾平衡事业和家庭关系等方面的经验和知识，以科学方法引导广大女职工注重家庭、注重家教、注重家风，增强对培育好家风、促进家庭建设的思想认同和行动自觉。充分发挥工会女职工培训示范学校、女职工周末学校和女职工流动课堂等培训阵地的作用，将好家风教育培训内容纳入女职工教育培训体系，促进培育好家风教育培训活动经常化、制度化。

（二）开展家庭文化建设活动

联合新媒体平台，在广大女职工中开展“写家书·传亲情”活动，并倡导举办线下专题沙龙、诗歌音乐会、配乐读诗会等主题活动，以给家人写信的方式，关注家庭、关心家人、表达亲情，提升家庭建设能力，以家庭和谐促进社会和谐。举办“书香家庭”读书活动，依托全国工会职工书屋，为女职工推荐好家风好家训、国学经典等学习书目和资料，引导广大女职工勤读书、善读书、读好书。组织女职工积极参与“争当学习型职工读书活动”，举办以家庭为单位的读书征文、演讲比赛、经典诵读等系列活动，引导女职工把读书活动引入家庭，构建“家庭小书库”、制订“家庭读书时间”，促进家庭成员一起读书，全面提升家庭成员综合素质，倡导家庭健康向上的学习理念和科学文明的生活方式。抓住国际家庭日、中华民族传统节日等重要节点，开展有针对性的、特色鲜明的女职工家庭文化建设和文体活动，推动社会主义核心价值观深入女职工和家庭。根据不同家庭特点，开展家庭助廉洁、家庭促安全、家庭创文明等活动。

（三）开展先进典型展示活动

充分利用开展全国五一巾帼奖评选表彰活动等有利时机，

挖掘培育好家风的先进典型，大力宣传在弘扬家庭美德、体现文明风尚、诠释幸福内涵等方面的突出事迹和感人精神，引领广大女职工充分发挥在社会生活和家庭生活中的独特作用。运用各种媒体开展宣传展示活动，通过举办互动征集活动、开设微博专题、建立公众号等形式，对培育好家风先进典型进行宣传展示，鼓励女职工讲好家风故事、亮好家风格言、晒好家风照片、秀好家风梦想，营造人人崇尚好家风、共同培育好家风的浓厚社会氛围。

二、“传承好家风”阅读宣讲活动

“传承好家风”阅读宣讲活动以培育和践行社会主义核心价值观为主要内容，引导广大女职工注重家庭、注重家教、注重家风，在促进夫妻相亲相爱、促进老年人幸福快乐、促进下一代健康成长、促进邻里友善互助中发挥女职工的独特作用。抓住重大节日契机，组织开展家庭阅读、家风故事宣讲、新型婚育文化宣传、时代新风宣讲等，通过活动系统解读培育好家风的重要意义，诠释新时期好家风的内涵与外延，把握以好家风支持好的社会风气的关联点和契合点，引导女职工积极培育好家风，平衡好工作和家庭的关系，激励广大女职工在弘扬中华民族家庭美德、树立良好家风方面作出积极贡献。各地工会女职工组织结合本地实际，积极探索实践，通过丰富多彩的形式，宣传培育好家风、平衡工作和家庭关系等方面的经验和知识，加强女职工教育培训和家庭文化建设，引导广大女职工在社会生活和家庭生活中更加注重家庭、注重家教、注重家风。

三、培树推荐宣传家庭家教家风先进典型

各级工会女职工组织围绕习近平总书记“三个注重”重要论述，创新工作手段，培树推荐宣传家庭文明建设先进典型，

弘扬中华民族家庭美德和优秀家风，通过榜样的力量教育引导广大职工自觉承担家庭责任、树立良好家风，营造崇尚、学习、争当文明家庭的浓厚氛围。积极向妇联、文明办等单位推荐“最美家庭”、“文明家庭”等，培养挖掘爱国敬业、勤劳致富、诚实守信、清正廉洁、书香传家、弘扬家国情怀、抗击疫情等各类家庭典型，引导广大职工争做好家庭、涵养好家教、培育好家风。广泛运用各种媒体平台大力开展宣传展示活动，展示家庭风采，广泛宣传好妻子、好邻里、好丈夫、好儿女，引导广大职工发扬尊老爱幼、男女平等、夫妻和睦、勤俭持家、邻里团结等中华民族家庭美德，推动全社会形成爱国爱家、相亲相爱、向上向善、共建共享的社会主义家庭文明新风尚。

思考题：

1. 简述党的十八大以来出台了哪些法规政策，为加强家庭家教家风建设提供坚实保障？

2. 结合工作实际，谈谈如何更好发挥女职工在家庭生活中的独特作用。

3. “培育好家风——女职工在行动”主题实践活动的主要内容是什么？

参考文献

1. 习近平．习近平谈治国理政［M］．北京：外文出版社，2014.

2. 习近平．在会见第一届全国文明家庭代表时的讲话［M］．北京：人民出版社，2016.

3. 习近平．习近平谈治国理政（第二卷）［M］．北京：外文出版社，2017.

4. 习近平．习近平谈治国理政（第三卷）［M］．北京：外文出版社，2020.

5. 习近平．在全国劳动模范和先进工作者表彰大会上的讲话［M］．北京：人民出版社，2020.

6. 习近平．习近平谈治国理政（第四卷）［M］．北京：外文出版社，2022.

7. 中国共产党第十九次全国代表大会文件汇编［M］．北京：人民出版社，2017.

8. 本书编写组．党的十九大报告辅导读本［M］．北京：人民出版社，2017.

9. 本书编写组．党的十九大报告学习辅导百问［M］．北京：学习出版社，党建读物出版社，2017.

10. 党的二十大文件汇编［M］．北京：党建读物出版社，2022.

11. 本书编写组．党的二十大报告学习辅导百问［M］．北京：学习出版社，党建读物出版社，2022.

12. 中国工会十五大文件组．中国工会十五大文件汇编［M］. 北京：中国工人出版社，2008.

13. 中华全国总工会组织部，中华全国总工会集体合同部．全国工会工资集体协商培训教材［M］. 北京：中国工人出版社，2011.

14. 中华全国总工会保障工作部．社会保险法问答［M］. 北京：中国工人出版社，2011.

15. 中华全国总工会．中国特色社会主义工会发展道路学习读本［M］. 北京：中国工人出版社，2012.

16. 中华人民共和国国务院新闻办公室．中国性别平等与妇女发展［M］. 北京：人民出版社，2015.

17. 中国劳动社会保障出版社法制图书编辑部．医疗保险与生育保险［M］. 北京：中国劳动社会保障出版社，2018.

18. 中华全国总工会女职工部．女职工权益维护法律知识微手册（修订版）［M］. 北京：中国工人出版社，2018.

19. 中华全国总工会．促进工作场所性别平等指导手册（修订版）［M］. 北京：中国工人出版社，2019.

20. 本书编写组．《中长期青年发展规划（2016—2025 年）》学习辅导读本［M］. 北京：人民出版社，2019.

21. 中华全国总工会女职工部．女职工权益维护案例集［M］. 北京：中国工人出版社，2020.

22. 中华全国总工会女职工部．消除工作场所性骚扰指导手册（修订版）［M］. 北京：中国工人出版社，2021.

23. 中华全国总工会女职工部．创建家庭友好型工作场所指导手册［M］. 北京：中国工人出版社，2021.

24. 全国总工会课题组．深入学习贯彻习近平总书记关于工人阶级和工会工作的重要论述［M］. 北京：中国工人出版社，2021.

25. 中华全国总工会女职工部．工会女职工工作法律政策文件选编［M］. 北京：中国工人出版社，2021.

后　记

《工会女职工工作概论》是全国工会干部培训基础教材之一。

本次出版的《工会女职工工作概论》是在2006年第一版、2013年第二版、2018年第三版的基础上，由全国总工会女职工部负责修订。参加修订工作的人员有：杨希玲、朱娜、周思俊（第一章、第二章），刘蕾、仝志鹏（第三章、第六章、第七章），徐建红、孔繁羽、孙颙琰（第四章、第五章）。李宁、洪莎、张伟同志负责本书的核稿工作。全书由李艳清同志审阅定稿。

由于编者水平有限，本书难免存在不足和疏漏之处，诚恳地欢迎广大读者批评指正。

编　者

2023年3月